susaeta

© Marshall Editions
Part of The Quarto Group
The Old Brewery, 6 Blundell Street
London N7 9BH

© SUSAETA EDICIONES, S.A. - Obra colectiva
C/ Campezo, 13 - 28022 Madrid
Tel.: 91 3009100 - Fax: 91 3009110
www.susaeta.com

Idea original, edición y diseño: Marshall Editions
Título original: *Stuff You Should Know!*
Autores: John Farndon y Rob Beattie
Ilustradores: Peter Bull, Steve Fricker, David Burnie,
Mike Harnden, John Kelly, Obin y Gary Smart
Dirección editorial: Ana Delgado
Traducción: Patricia Díaz
Corrección: Equipo Susaeta

Puedes encontrar las palabras en **negrita** en el glosario de
la página 78.

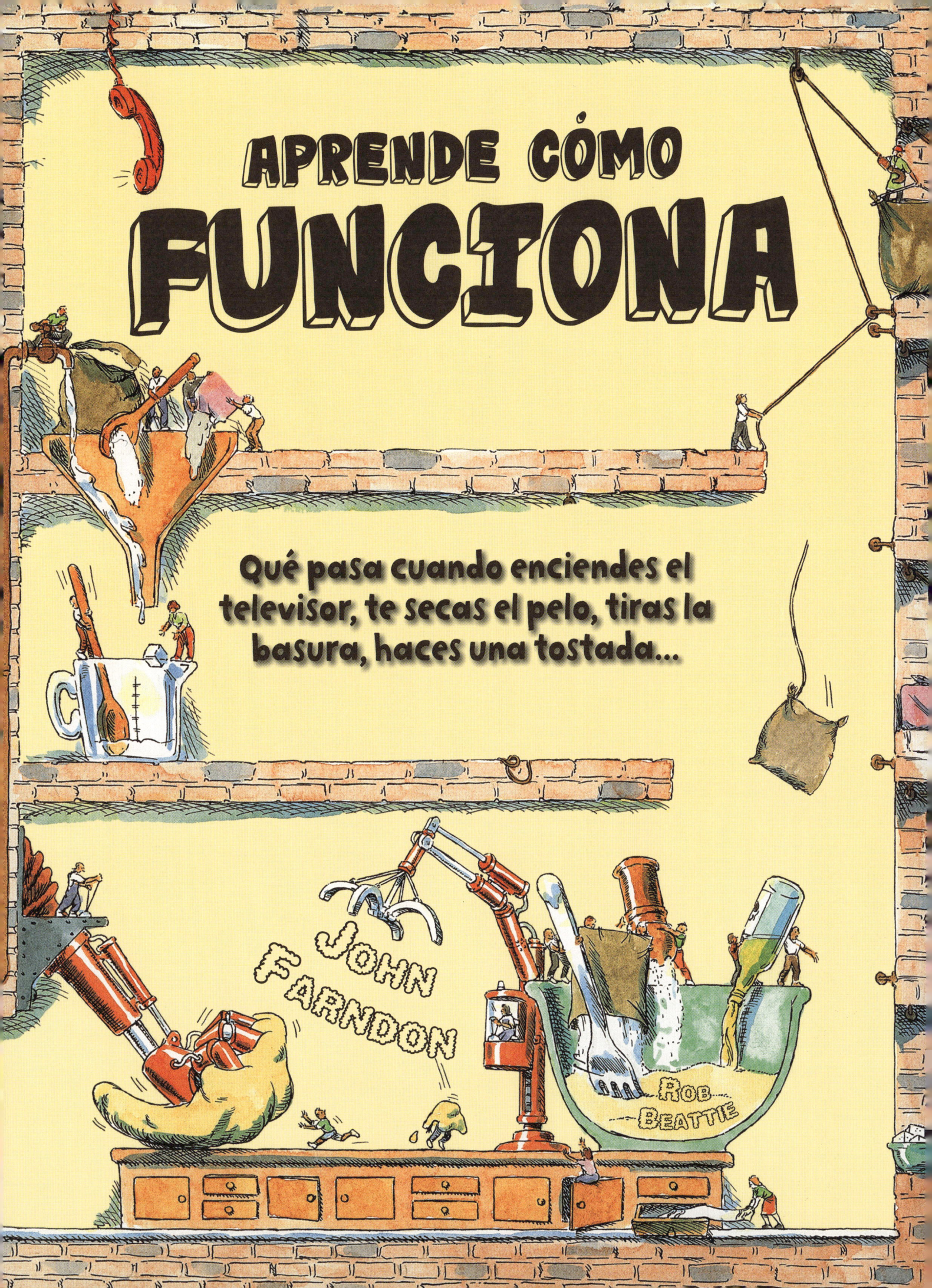

APRENDE CÓMO
FUNCIONA

Qué pasa cuando enciendes el televisor, te secas el pelo, tiras la basura, haces una tostada...

JOHN FARNDON

ROB BEATTIE

CONTENIDO

INTRODUCCIÓN

Hace 200 años, si necesitabas luz, agua o comida, tenías que ir a buscarla tú mismo. En cambio, hoy en día solo tienes que pulsar un interruptor, abrir un grifo o hacer una llamada para que te traigan comida. ¡Parece mucho más fácil!

En esta casa, puedes ver algunos de los objetos que utilizamos diariamente. Pero ¿cómo funcionan? La gente diminuta de este libro te lo mostrará.

Las palabras que necesitan más explicación están en negrita. Podrás encontrarlas en las páginas 78-79.

Encender la luz para leer un periódico, un libro o una carta

Tirar de la cadena del inodoro

Sumergirse en una bañera llena de agua caliente o tomar una ducha refrescante

Cocinar, hacer la colada, lavar los platos o beber un vaso de agua fría

Tirar la basura al contenedor

Alcantarilla

Tubería de agua

6

Avión a reacción

Antena parabólica

EN EL AIRE

Los programas de televisión y radio llegan a tu casa en forma de señales invisibles en el aire. Un tubo especial de metal llamado antena recoge estas señales. La antena de la radio puede estar en la parte superior del aparato o en su interior. Las señales de televisión se captan a través de una gran antena en el tejado o una antena parabólica en la fachada. También pueden llegar a través de un cable subterráneo.

¡TEN CUIDADO!

La **electricidad** y el gas pueden ser peligrosos si no se utilizan correctamente. Avisa siempre a un adulto antes de tocar los aparatos eléctricos y nunca cocines sin su ayuda. Ten cuidado también cuando abras el grifo de agua caliente: ¡el agua puede salir ardiendo!

BAJO EL SUELO

El agua y el gas llegan a las casas a través de tuberías enterradas en el suelo, mientras que la electricidad lo hace por medio de cables que contienen alambre de cobre. Las señales telefónicas también viajan por cables subterráneos. Las aguas residuales se evacuan de las casas por un gran desagüe llamado alcantarilla.

¡TOC, TOC!

Si te visitan amigos desde un lugar lejano, pueden viajar en avión hasta el aeropuerto más cercano y, luego, tomar un tren o alquilar un coche, y utilizar la navegación por satélite para encontrar tu casa.

Enviar mensajes por ordenador o hablar por teléfono o por el móvil con un amigo que vive lejos

Ver la televisión

Pedir cosas por teléfono

Encender la calefacción para mantener la casa agradable y calentita

Cable de electricidad

Tubería de gas

Línea telefónica

ELECTRICIDAD

Cuando enciendes una lámpara, la energía eléctrica hace que la bombilla se ilumine. Esta energía se obtiene en las centrales eléctricas. Pero ¿cómo viaja desde allí hasta la lámpara de tu casa?

Energía hidroeléctrica

Energía obtenida del carbón, petróleo y gas

Energía nuclear

1 CONSEGUIR VAPOR

En las centrales eléctricas se quema carbón, gas, petróleo o **combustible nuclear** para hervir agua. El vapor producido corre por unas tuberías, golpea las palas de una rueda llamada **turbina** y hace que gire muy rápido. En las **centrales hidroeléctricas**, el agua que cae por una presa mueve la turbina.

Torrente de agua Chorro de vapor

2 DAR UNA VUELTA

Cuando la turbina gira, le da vueltas a una bobina de cable de cobre entre los polos de un enorme **imán**. Esto es un **generador**.

Las palas de la turbina giran a gran velocidad.

Imán

Bobina de cable de cobre

El eje de la turbina está unido a un generador.

Transformador elevador

3 CREAR CORRIENTES

El poder del imán arrastra haces de energía minúsculos, los **electrones**, a través del alambre. Estos forman un flujo de electricidad llamado **corriente eléctrica**.

4 AUMENTO DE LA CORRIENTE

La corriente producida en la central eléctrica es muy débil para llegar hasta tu casa. Para aumentar su fuerza, se envía a través de un anillo de hierro llamado **transformador**.

Un gran cable recoge la electricidad producida por la bobina.

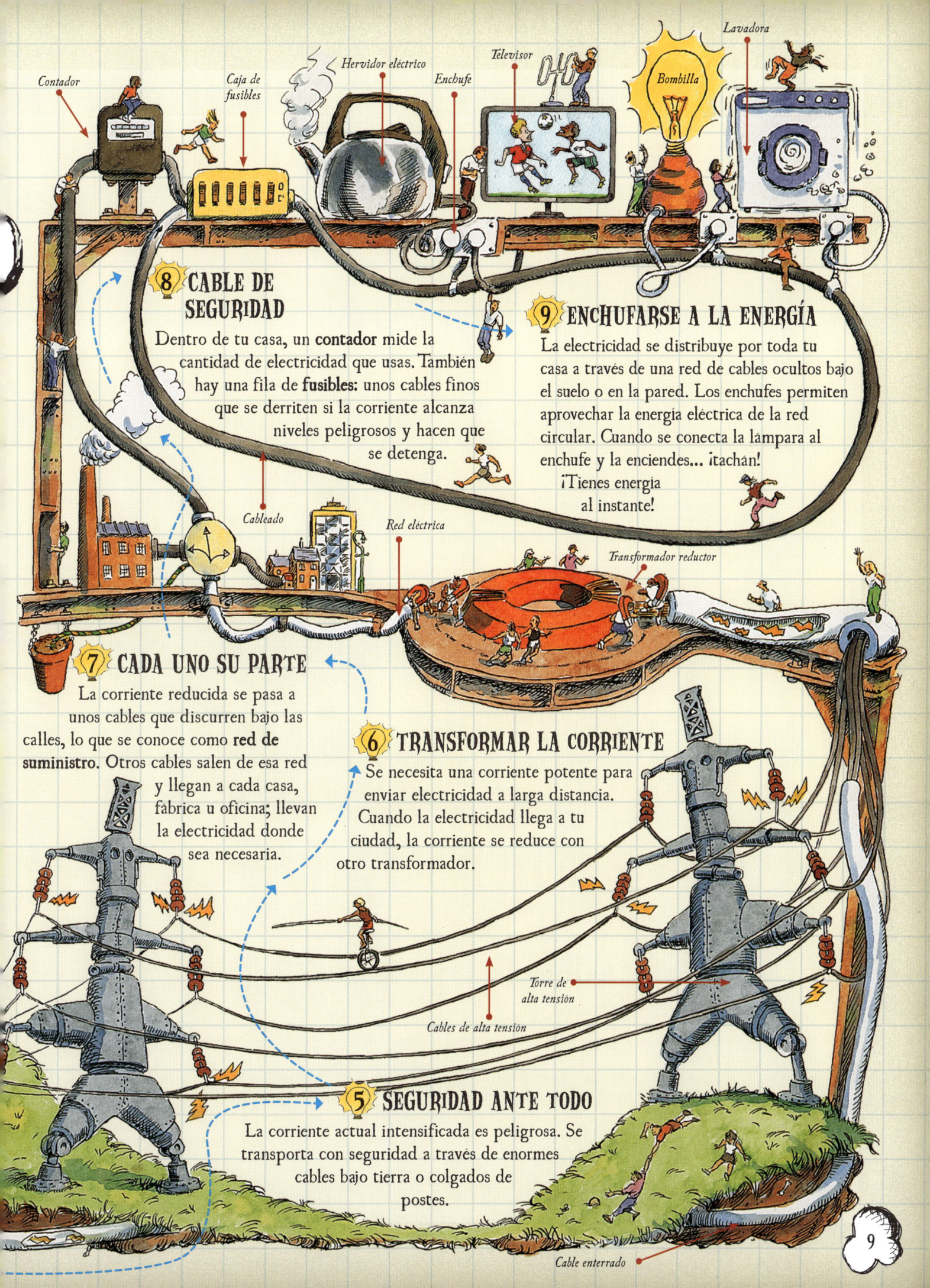

Contador

Caja de fusibles

Hervidor eléctrico

Enchufe

Televisor

Bombilla

Lavadora

8 CABLE DE SEGURIDAD

Dentro de tu casa, un **contador** mide la cantidad de electricidad que usas. También hay una fila de **fusibles**: unos cables finos que se derriten si la corriente alcanza niveles peligrosos y hacen que se detenga.

9 ENCHUFARSE A LA ENERGÍA

La electricidad se distribuye por toda tu casa a través de una red de cables ocultos bajo el suelo o en la pared. Los enchufes permiten aprovechar la energía eléctrica de la red circular. Cuando se conecta la lámpara al enchufe y la enciendes... ¡tachán! ¡Tienes energía al instante!

Cableado

Red eléctrica

Transformador reductor

7 CADA UNO SU PARTE

La corriente reducida se pasa a unos cables que discurren bajo las calles, lo que se conoce como **red de suministro**. Otros cables salen de esa red y llegan a cada casa, fábrica u oficina; llevan la electricidad donde sea necesaria.

6 TRANSFORMAR LA CORRIENTE

Se necesita una corriente potente para enviar electricidad a larga distancia. Cuando la electricidad llega a tu ciudad, la corriente se reduce con otro transformador.

Torre de alta tensión

Cables de alta tensión

5 SEGURIDAD ANTE TODO

La corriente actual intensificada es peligrosa. Se transporta con seguridad a través de enormes cables bajo tierra o colgados de postes.

Cable enterrado

PANELES SOLARES

Cuando se trata de producción de energía, el Sol es también el rey: solo una hora de luz solar proporciona más energía que la que utilizan los habitantes del planeta en un año entero. Los paneles solares son capaces de convertir esa energía en algo útil, como una ducha caliente o una hora viendo tu programa de televisión preferido. He aquí cómo funcionan.

1 ENERGÍA DEL SOL

La energía solar se puede utilizar para calentar agua o para producir electricidad. Cuando se usa para calentar agua (para el lavabo, la ducha o la calefacción) se llama energía solar térmica. Si se usa para producir la electricidad que hará funcionar distintos aparatos y electrodomésticos, se llama energía solar fotovoltaica.

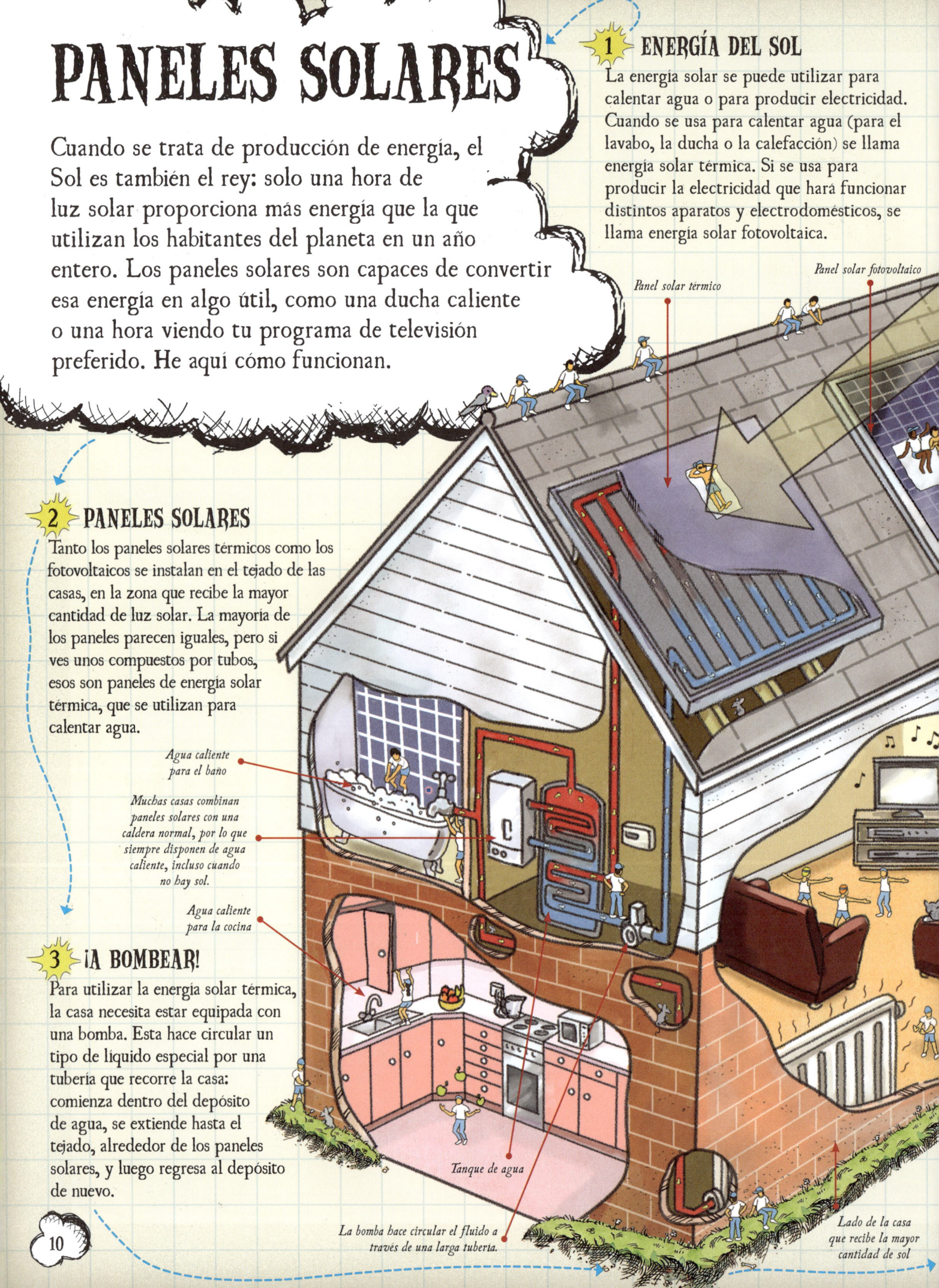

Panel solar térmico

Panel solar fotovoltaico

2 PANELES SOLARES

Tanto los paneles solares térmicos como los fotovoltaicos se instalan en el tejado de las casas, en la zona que recibe la mayor cantidad de luz solar. La mayoría de los paneles parecen iguales, pero si ves unos compuestos por tubos, esos son paneles de energía solar térmica, que se utilizan para calentar agua.

Agua caliente para el baño

Muchas casas combinan paneles solares con una caldera normal, por lo que siempre disponen de agua caliente, incluso cuando no hay sol.

Agua caliente para la cocina

3 ¡A BOMBEAR!

Para utilizar la energía solar térmica, la casa necesita estar equipada con una bomba. Esta hace circular un tipo de líquido especial por una tubería que recorre la casa: comienza dentro del depósito de agua, se extiende hasta el tejado, alrededor de los paneles solares, y luego regresa al depósito de nuevo.

Tanque de agua

La bomba hace circular el fluido a través de una larga tubería.

Lado de la casa que recibe la mayor cantidad de sol

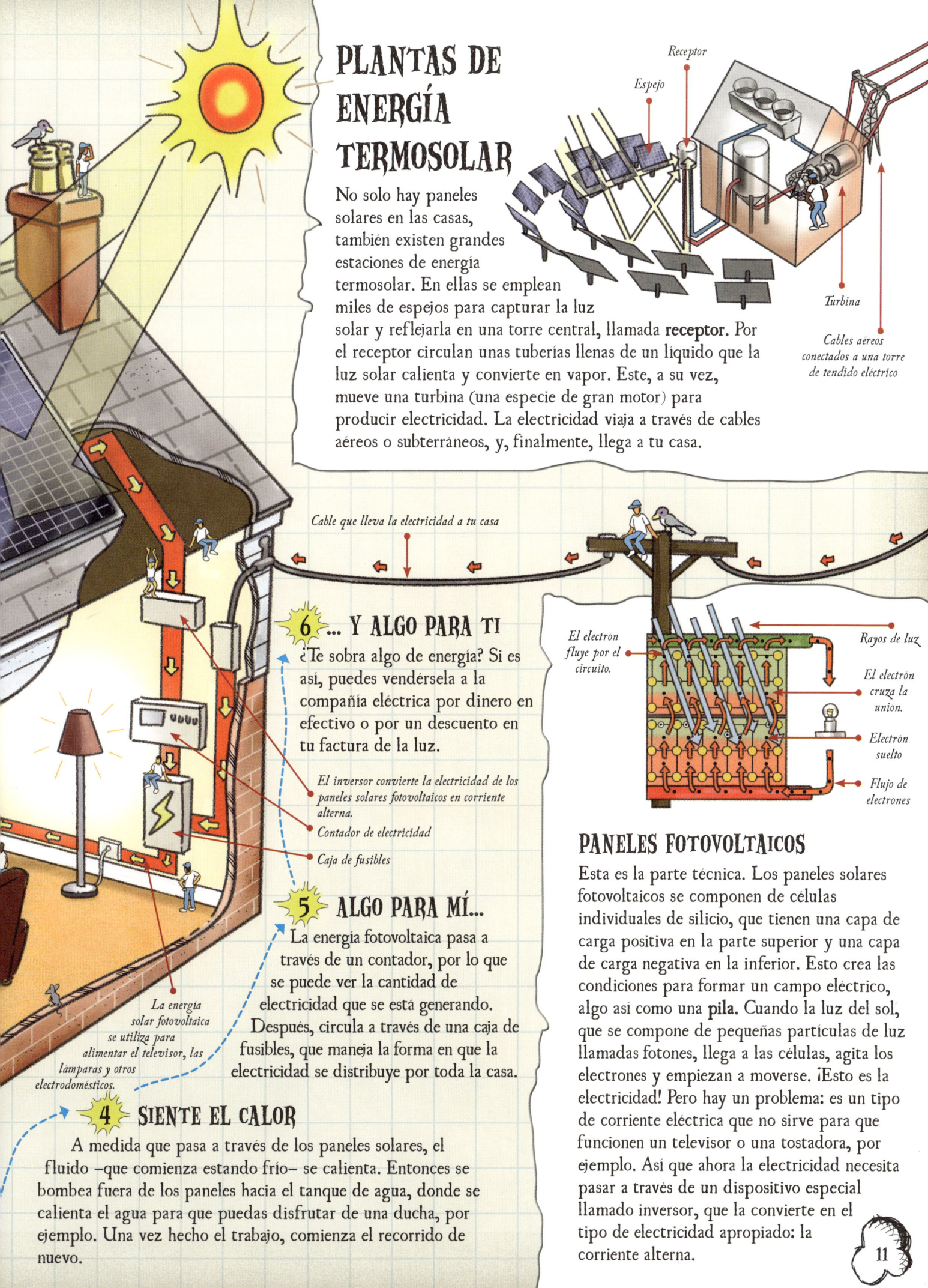

PLANTAS DE ENERGÍA TERMOSOLAR

No solo hay paneles solares en las casas, también existen grandes estaciones de energía termosolar. En ellas se emplean miles de espejos para capturar la luz solar y reflejarla en una torre central, llamada **receptor**. Por el receptor circulan unas tuberías llenas de un líquido que la luz solar calienta y convierte en vapor. Este, a su vez, mueve una turbina (una especie de gran motor) para producir electricidad. La electricidad viaja a través de cables aéreos o subterráneos, y, finalmente, llega a tu casa.

Receptor

Espejo

Turbina

Cables aéreos conectados a una torre de tendido eléctrico

Cable que lleva la electricidad a tu casa

6 ... Y ALGO PARA TI

¿Te sobra algo de energía? Si es así, puedes vendérsela a la compañía eléctrica por dinero en efectivo o por un descuento en tu factura de la luz.

El inversor convierte la electricidad de los paneles solares fotovoltaicos en corriente alterna.

Contador de electricidad

Caja de fusibles

La energía solar fotovoltaica se utiliza para alimentar el televisor, las lámparas y otros electrodomésticos.

5 ALGO PARA MÍ...

La energía fotovoltaica pasa a través de un contador, por lo que se puede ver la cantidad de electricidad que se está generando. Después, circula a través de una caja de fusibles, que maneja la forma en que la electricidad se distribuye por toda la casa.

4 SIENTE EL CALOR

A medida que pasa a través de los paneles solares, el fluido –que comienza estando frío– se calienta. Entonces se bombea fuera de los paneles hacia el tanque de agua, donde se calienta el agua para que puedas disfrutar de una ducha, por ejemplo. Una vez hecho el trabajo, comienza el recorrido de nuevo.

El electrón fluye por el circuito.

Rayos de luz

El electrón cruza la unión.

Electrón suelto

Flujo de electrones

PANELES FOTOVOLTAICOS

Esta es la parte técnica. Los paneles solares fotovoltaicos se componen de células individuales de silicio, que tienen una capa de carga positiva en la parte superior y una capa de carga negativa en la inferior. Esto crea las condiciones para formar un campo eléctrico, algo así como una **pila**. Cuando la luz del sol, que se compone de pequeñas partículas de luz llamadas fotones, llega a las células, agita los electrones y empiezan a moverse. ¡Esto es la electricidad! Pero hay un problema: es un tipo de corriente eléctrica que no sirve para que funcionen un televisor o una tostadora, por ejemplo. Así que ahora la electricidad necesita pasar a través de un dispositivo especial llamado inversor, que la convierte en el tipo de electricidad apropiado: la corriente alterna.

TIMBRE

Si alguna vez te has preguntado cómo funciona un timbre, aquí tienes la oportunidad de averiguarlo. Al igual que muchas máquinas, el timbre utiliza electricidad. Cuando alguien presiona el botón, la electricidad produce un **campo magnético** que lanza un martillo contra una campana y hace que suene. Si la campana solo sonara una vez, no llamaría la atención. Por suerte, este timbre está diseñado para seguir sonando siempre y cuando se presione el botón. ¡El resultado es un sonido continuo que nadie puede pasar por alto!

1 ¡ACCIÓN!

Cuando alguien toca un timbre, el botón cierra un **circuito** y la electricidad empieza a circular.

FUENTE DE ENERGÍA

El timbre se alimenta con su propia batería o con la electricidad de una central eléctrica.

El interruptor funciona cuando se presiona el botón del timbre.

Los muelles tiran del contacto móvil hacia atrás de forma que toque el contacto estacionario de nuevo.

CREAR UN CAMPO MAGNÉTICO

Cuando la electricidad pasa a través de un cable metálico, a su alrededor se forma un campo magnético. Esto se puede comprobar rodeando un cable con brújulas. Normalmente, las agujas de las brújulas señalan el Norte, pero, tan pronto como la electricidad fluye a través del cable, las agujas mostrarán que se ha creado un campo magnético. El cable tiene ahora las cualidades de un imán y puede **atraer** y **repeler** objetos metálicos.

Interruptor

Brújulas apuntando al Norte

Las brújulas muestran que se ha creado un campo magnético.

Corriente eléctrica apagada

Corriente eléctrica encendida

Batería

Transformador

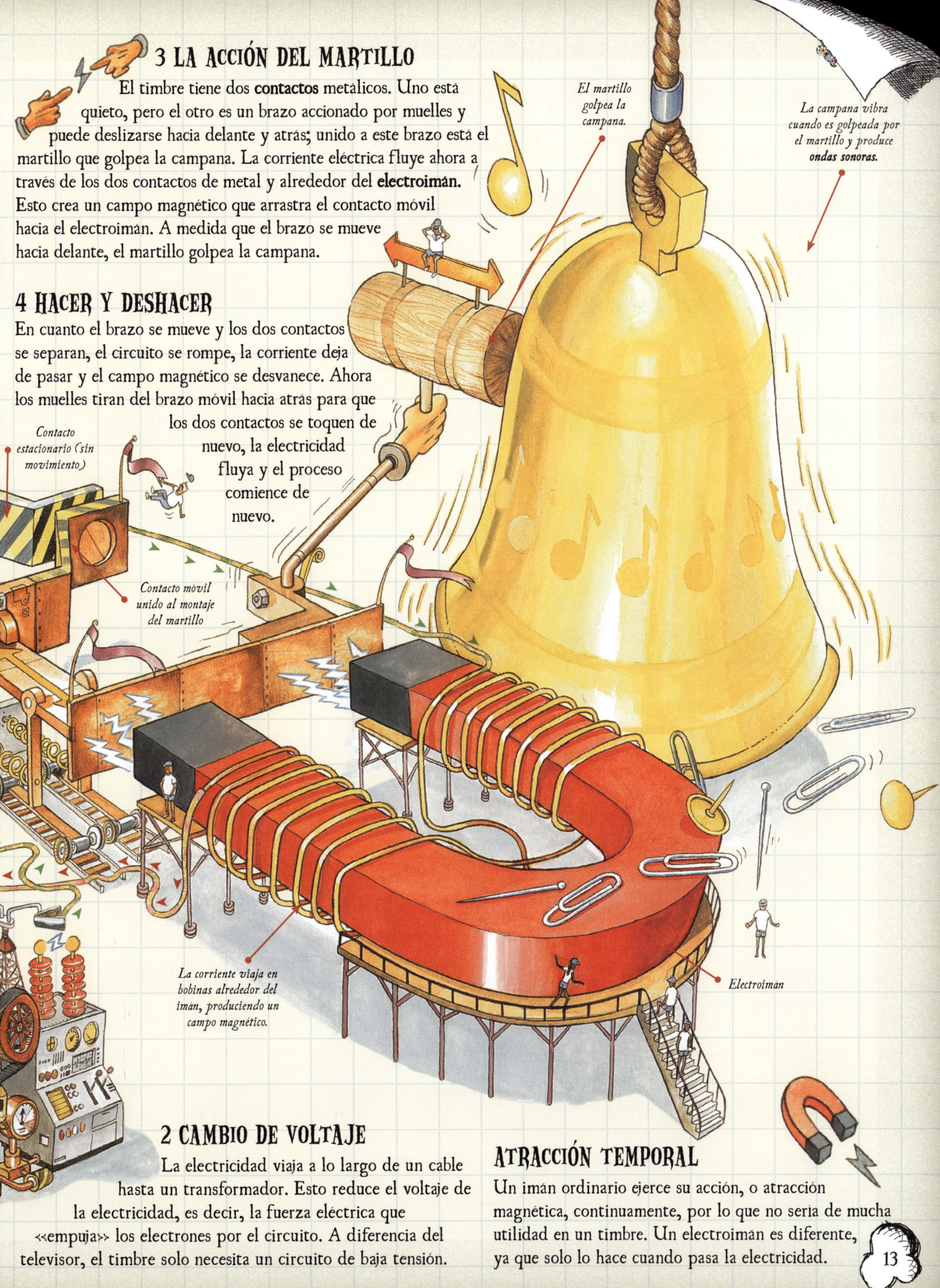

3 LA ACCIÓN DEL MARTILLO

El timbre tiene dos **contactos** metálicos. Uno está quieto, pero el otro es un brazo accionado por muelles y puede deslizarse hacia delante y atrás; unido a este brazo está el martillo que golpea la campana. La corriente eléctrica fluye ahora a través de los dos contactos de metal y alrededor del **electroimán**. Esto crea un campo magnético que arrastra el contacto móvil hacia el electroimán. A medida que el brazo se mueve hacia delante, el martillo golpea la campana.

4 HACER Y DESHACER

En cuanto el brazo se mueve y los dos contactos se separan, el circuito se rompe, la corriente deja de pasar y el campo magnético se desvanece. Ahora los muelles tiran del brazo móvil hacia atrás para que los dos contactos se toquen de nuevo, la electricidad fluya y el proceso comience de nuevo.

Contacto estacionario (sin movimiento)

Contacto móvil unido al montaje del martillo

El martillo golpea la campana.

*La campana vibra cuando es golpeada por el martillo y produce **ondas sonoras**.*

La corriente viaja en bobinas alrededor del imán, produciendo un campo magnético.

Electroimán

2 CAMBIO DE VOLTAJE

La electricidad viaja a lo largo de un cable hasta un transformador. Esto reduce el voltaje de la electricidad, es decir, la fuerza eléctrica que «empuja» los electrones por el circuito. A diferencia del televisor, el timbre solo necesita un circuito de baja tensión.

ATRACCIÓN TEMPORAL

Un imán ordinario ejerce su acción, o atracción magnética, continuamente, por lo que no sería de mucha utilidad en un timbre. Un electroimán es diferente, ya que solo lo hace cuando pasa la electricidad.

13

SECADOR DE PELO

Se trata de un aparato muy simple utilizado por miles de personas para secar y peinar el cabello. En la parte posterior del secador, las aspas de un ventilador giran rápidamente emitiendo aire; este se calienta rápidamente a medida que fluye a través de unos componentes eléctricos al rojo vivo y sale hacia fuera para que te seques el pelo. ¡Eso es todo! Si quieres descubrir los detalles que permiten que esto suceda, sigue leyendo.

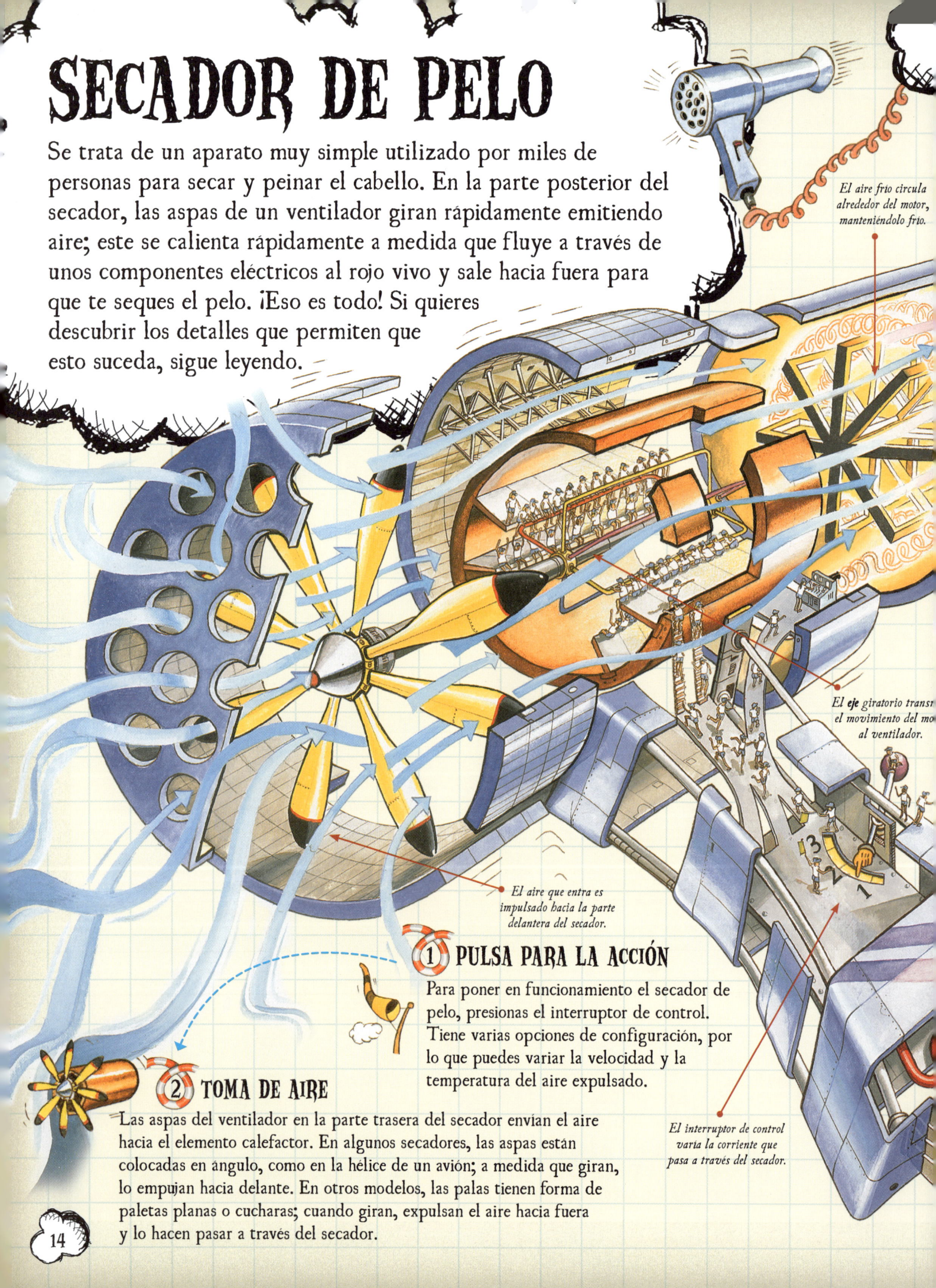

El aire frío circula alrededor del motor, manteniéndolo frío.

El eje giratorio transm el movimiento del mo al ventilador.

El aire que entra es impulsado hacia la parte delantera del secador.

① PULSA PARA LA ACCIÓN

Para poner en funcionamiento el secador de pelo, presionas el interruptor de control. Tiene varias opciones de configuración, por lo que puedes variar la velocidad y la temperatura del aire expulsado.

② TOMA DE AIRE

Las aspas del ventilador en la parte trasera del secador envían el aire hacia el elemento calefactor. En algunos secadores, las aspas están colocadas en ángulo, como en la hélice de un avión; a medida que giran, lo empujan hacia delante. En otros modelos, las palas tienen forma de paletas planas o cucharas; cuando giran, expulsan el aire hacia fuera y lo hacen pasar a través del secador.

El interruptor de control varia la corriente que pasa a través del secador.

14

③ MOTOR FRÍO

El ventilador de la parte trasera del secador coge el aire, y el aire en movimiento alrededor del motor eléctrico ayuda a que no se caliente.

La energía calorífica es transferida al aire circulante.

Elemento calefactor en espiral

④ SUBE LA TEMPERATURA

Siempre que la electricidad pasa a través de un cable, produce calor. Cuanto más largo y fino es el cable, más calor se genera; por ello, el elemento calefactor en espiral del secador de pelo se pone al rojo vivo, mientras que el cable que alimenta el secador con electricidad se mantiene frío.

EL MOTOR ELÉCTRICO

Dentro del motor eléctrico del secador de pelo hay dos circuitos rectangulares de cable que se cruzan en ángulo recto y están rodeados por un campo magnético. Sigue leyendo para saber cómo funciona.

I Cuando la electricidad fluye a través de uno de los circuitos, se crea un campo magnético alrededor de ese cable. (Hay más información sobre los campos magnéticos en la página 12). Este campo reacciona con el imán que lo rodea y repele (empuja) el circuito.

2 Una vez que el primer circuito ha girado una cierta distancia, su suministro de electricidad se corta y la corriente eléctrica es enviada a través del segundo circuito, al que la fuerza hace ahora girar.

3 Los circuitos son movidos continuamente mientras la corriente está pasando, y la fuerza de su movimiento es la que genera la energía que hace funcionar la máquina.

Campo magnético entre los imanes norte y sur

Imán del norte

Imán del sur

Contactos con corriente eléctrica para abastecer los circuitos.

El campo magnético alrededor de los circuitos repele el campo magnético entre los imanes, provocando que estos giren.

La batería produce corriente eléctrica.

ROBOT DE COCINA

Al preparar la comida a mano, algunas tareas (como rallar queso, hacer una masa o cortar zanahorias) pueden llevarnos mucho tiempo. En cambio, un robot de cocina hace el trabajo mucho más rápido y eficientemente; ¡puede cortar, licuar, amasar, mezclar o cortar en lonchas ingredientes en cuestión de segundos! Un sencillo mecanismo en la tapa del robot evita accidentes: tiene un cierre que se conecta a un interruptor de seguridad. Si la tapa está cerrada y sujeta, el interruptor permite que la electricidad pase a través del motor. Pero si se ha quitado la tapa o si no está colocada correctamente, el motor no se enciende.

Motor eléctrico

Cierre de seguridad

Control de velocidad

Fuente de alimentación

Correa de transmisión

EN MARCHA

El robot de cocina utiliza un motor eléctrico para mover sus componentes. El motor tiene solo una centésima parte de la potencia del motor de un coche, pero es suficiente para cortar casi cualquier alimento.

CONTROL DE VELOCIDAD

La velocidad del motor está determinada por la fuerza de la corriente eléctrica que fluye a través de él. Cuando el mando de control se ajusta a la velocidad más lenta, solo una débil corriente pasa por el motor. En cambio, a la velocidad más alta, la corriente que pasa es más fuerte y el motor se mueve más rápido.

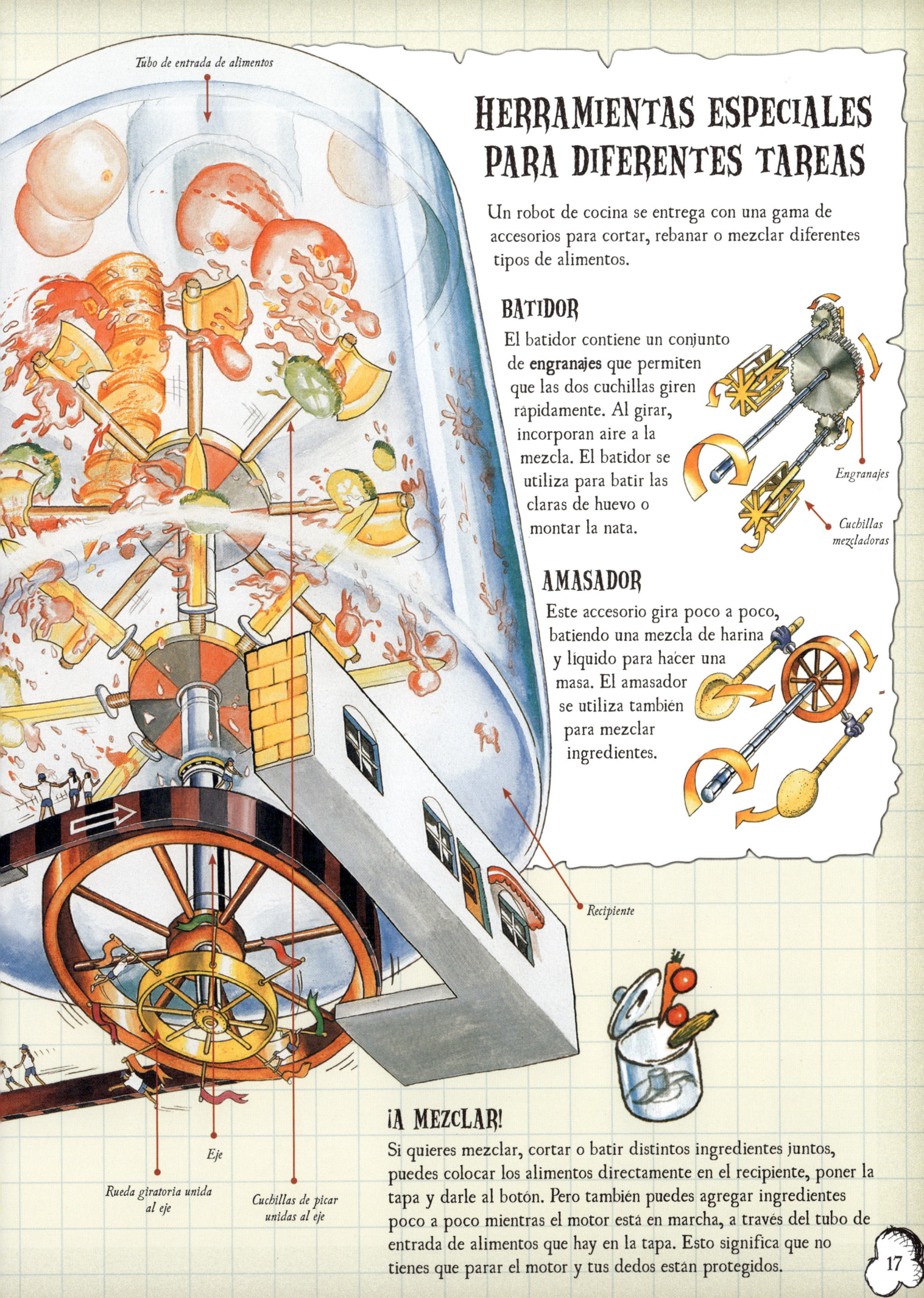

Tubo de entrada de alimentos

HERRAMIENTAS ESPECIALES PARA DIFERENTES TAREAS

Un robot de cocina se entrega con una gama de accesorios para cortar, rebanar o mezclar diferentes tipos de alimentos.

BATIDOR

El batidor contiene un conjunto de **engranajes** que permiten que las dos cuchillas giren rápidamente. Al girar, incorporan aire a la mezcla. El batidor se utiliza para batir las claras de huevo o montar la nata.

Engranajes

Cuchillas mezcladoras

AMASADOR

Este accesorio gira poco a poco, batiendo una mezcla de harina y líquido para hacer una masa. El amasador se utiliza también para mezclar ingredientes.

Recipiente

Eje

Rueda giratoria unida al eje

Cuchillas de picar unidas al eje

¡A MEZCLAR!

Si quieres mezclar, cortar o batir distintos ingredientes juntos, puedes colocar los alimentos directamente en el recipiente, poner la tapa y darle al botón. Pero también puedes agregar ingredientes poco a poco mientras el motor está en marcha, a través del tubo de entrada de alimentos que hay en la tapa. Esto significa que no tienes que parar el motor y tus dedos están protegidos.

LA HORA DE LA PIZZA

Si te resulta molesto tener que esperar una hora para tener tu pizza en casa, ¡piensa que transcurre alrededor de un año hasta que crecen y se recogen todos los ingredientes!

1 HECHA A MEDIDA

Tan pronto como haces tu pedido, los pizzeros entran en acción. En primer lugar, mezclan levadura, azúcar, agua y un poco de harina. Luego, dejan que repose la mezcla.

Conseguir los ingredientes de la tienda.

Levadura

Harina

Agua

3 EL PODER DE LAS BURBUJAS

A continuación, la mezcla se vierte en un recipiente con aceite de oliva, sal y más harina, para elaborar una masa. Las burbujas son como millones de globitos, y hacen que la masa sea ligera; sin ellas, sería gruesa y pesada.

2 MEZCLA ESPUMOSA

La levadura hace **fermentar** el azúcar. Esto significa que el azúcar se convierte en alcohol y libera burbujas de un gas llamado dióxido de carbono, que vuelven la mezcla espumosa.

Azúcar

La mezcla de levadura fermenta.

Mezcla de levadura

Aceite de oliva

Sal

Harina

4 AMASADO

La masa se coloca en una superficie lisa y el pizzero la amasa, empujando y apretando hasta que adquiere una consistencia suave.

Masa

Mezcla de ingredientes para la masa

Amasado

INGREDIENTES PARA LA MASA DE LA PIZZA

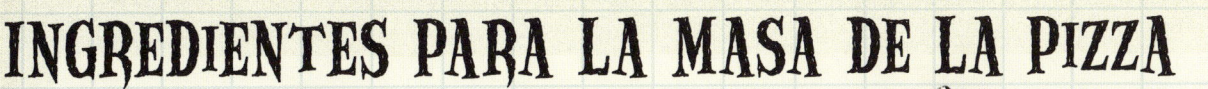

TRIGO

El trigo se cultiva a partir de semillas y se corta cuando está maduro.

Trilla

Con el **aventado** se separa el grano de la paja.

El grano se muele para hacer un polvo fino (en el pasado, se utilizaban piedras pesadas). Este polvo es la harina que se utiliza para hacer la masa de la pizza.

SAL

La sal está bajo tierra, en las minas de sal. Allí se corta en enormes bloques.

Los bloques de sal se muelen y los cristales más pequeños se secan y empaquetan.

En la pizzería, la sal se vierte en saleros para facilitar su uso.

LEVADURA

La levadura es un hongo. Se cultiva a temperatura media en cubas.

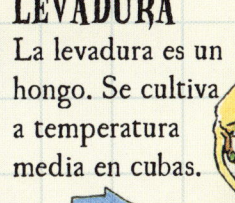

Cuando está lista, la levadura se retira de las cubas, se seca y se corta en trozos.

La levadura seca se envuelve, lista para la venta.

ACEITE DE OLIVA

Las aceitunas crecen en árboles de zonas cálidas.

Se recogen de los olivos y, luego, se meten en una prensa de tornillo.

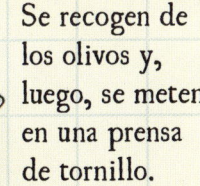

Así se extrae todo el jugo de las aceitunas, que se recoge en botellas. Este jugo es el aceite de oliva.

El aceite de oliva se suministra a la pizzería.

AZÚCAR

El azúcar proviene de la caña de azúcar. Cuando está madura, la caña se corta.

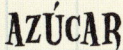

La caña de azúcar se tritura para extraer el jugo. Después, se hierve hasta que el agua del jugo se evapora y deja los cristales de azúcar.

Los cristales de azúcar se cortan en forma de cubo.

PIZZA A DOMICILIO

En muchas partes del mundo, con solo hacer una llamada telefónica puedes tener directamente un plato de comida preparada en la puerta de tu casa. Cuando pides una pizza, por ejemplo, la pizzería se las arregla de alguna manera para reunir los ingredientes y hacerte llegar una pizza recién hecha en menos de una hora. Levanta estas páginas para ver cómo se hace.

ALIMENTACIÓN

En el pasado, la mayoría de la gente se alimentaba de productos cultivados localmente. Esto sigue siendo así en muchas partes del mundo, especialmente en las zonas rurales alejadas de las grandes ciudades. Pero en lugares como Europa, América del Norte, Japón y Australia se pueden consumir alimentos de todo el mundo. Por ejemplo, el zumo de naranja de tu desayuno puede provenir de Marruecos, el trigo para el pan de la India, la mantequilla de Italia y la mermelada de Francia.

¿CÓMO PUEDEN ENTREGAR UNA PIZZA TAN RÁPIDAMENTE?

¿QUÉ PODEMOS PEDIR?

Hay tanta variedad de platos en el menú que la elección puede ser un verdadero reto. Además de pizzas, hay curry indio, frituras chinas, hamburguesas americanas, pasta italiana y mucho más. Hemos decidido pedir una pizza de queso y tomate con extra de anchoas. Si no te gusta lo que hemos elegido, no te preocupes: ¡hay muchos más platos en el menú!

Queso y Tomate
Vegetariana Deluxe
Salpicón de marisco
Jamón y Champiñón
Trozos de pollo
Extra picante
Montaña de carne
Festival de quesos

¿A que con solo mirar el menú se te hace la boca agua? ¡Pues coge el teléfono de inmediato y haz tu pedido!

¿QUÉ NOS APORTA?

Aparte de estar deliciosa, la pizza nos alimenta: los tomates, el queso, la levadura, el trigo y las anchoas contienen nutrientes que nuestro cuerpo necesita para funcionar adecuadamente y mantenerse saludable.

Las anchoas y el queso tienen proteínas, que nuestro cuerpo utiliza para crecer y repararse a sí mismo.

Extra opcional: setas; contienen vitaminas que nos dan energía y ayudan a nuestro cuerpo a resistir las alergias.

El queso y el aceite de oliva tienen grasas, que nuestro cuerpo emplea para almacenar energía.

El trigo de la base de la pizza contiene hidratos de carbono, que aportan a nuestro cuerpo la energía que necesita.

¿DE QUÉ PARTE DEL MUNDO VIENE TODO ESTO?

Los ingredientes para la pizza son: trigo, levadura, azúcar, tomate, sal, aceite de oliva, queso mozzarella y anchoas (con setas opcionales). Este mapa muestra las principales áreas de las que provienen los ingredientes, a excepción de la levadura, que se elabora en muchas partes del mundo.

LETENDA

- Trigo
- Azúcar
- Tomates
- Sal
- Aceite de oliva
- Queso mozzarella
- Anchoas

América del Norte

Europa

Asia

Océano Atlántico

Africa

Océano Pacífico

América del Sur

Australia

9 ¡A CORTAR!

El pizzero coloca la pizza en una caja de cartón y la corta en porciones con un cortador especial que tiene forma de rueda con el borde dentado. ¡Ya queda poco!

10 ¡PIZZA PARA LLEVAR!

Un repartidor comprueba tu dirección y te lleva la pizza.

8 PIZZA CALIENTE

Cuando la pizza sale del horno, la masa está en su punto y los ingredientes están muy calientes.

La pizza solo necesita de 8 a 15 minutos en el horno.

7 ¡AL HORNO!

Las pizzas se suelen hacer en hornos especiales que aseguran una cocción uniforme. Las burbujas en la masa crecen a medida que sube la temperatura, por lo que la pizza se agranda y se hace más ligera.

Lista para el horno

6 INGREDIENTES A ESCENA

La mayoría de las pizzas llevan una capa de salsa de tomate. A la nuestra también le agregamos mozzarella y anchoas.

Salsa de tomate

Filetes de anchoa

Queso mozzarella

Ahora que la base está lista, añadimos los ingredientes.

5 ¡A GIRAR!

Cuando la masa está lista, se hace girar para darle forma de disco. ¡Hay pizzeros que lo hacen con un dedo!

22

11 ¡POR FIN!

Suena el timbre. ¡Es el repartidor con tu pedido! Abres la caja y ahí está tu pizza favorita: caliente, recién hecha y lista para comer. ¡Que aproveche!

¡La pizza está aquí!

¡Genial!

¡Qué hambre!

LOS INGREDIENTES

El cuajo se separa del suero y se prensa en un molde, donde se convierte en queso.

Las bolas de queso mozzarella se venden generalmente en bolsas de plástico llenas de agua para mantenerlas frescas.

A medida que se coagula, se forman cuajos sólidos y suero líquido.

QUESO MOZZARELLA

La leche de vaca se calienta para matar todos los gérmenes.

Unas máquinas calientan la pulpa hasta hacer una pasta, que se conserva en latas.

Se cocinan, se cuelan y pueden ser machacados para extraer la pulpa.

TOMATES

Los tomates se recogen cuando están maduros.

Fábrica procesadora

ANCHOAS

Las anchoas se pescan en el mar con redes finas. Se llevan a las fábricas procesadoras de pescado, donde se cortan y se les quitan las espinas.

Se añade aceite vegetal o de oliva para mantener el pescado húmedo y fresco.

Se meten en latas.

23

HORNO MICROONDAS

Un microondas calienta los alimentos más rápido que un horno convencional y, además, no se calienta. A través de un magnetrón dispara una poderosa forma de energía conocida como **microondas**.

¿QUÉ SON LAS MICROONDAS?

Las microondas viajan a 300.000 kilómetros por segundo y pueden desplazarse a través del aire, los alimentos o el vacío. Nos llegan microondas desde el espacio todo el tiempo, pero son tan débiles que no tienen efecto sobre nosotros. En cambio, la energía utilizada en los hornos microondas es mucho más potente.

COCINAR CON ONDAS

Cuando las microondas pasan a través de las **moléculas** de agua presentes en los alimentos, estas comienzan a moverse rápidamente. Este movimiento produce calor, que es el que calienta el alimento.

1 FRÍO

En la comida fría, las moléculas de agua están repartidas de forma aleatoria. Se mueven, pero lentamente.

2 TEMPLADO

A medida que las microondas atraviesan la comida, las moléculas de agua se mueven más deprisa y en diferentes direcciones.

3 CALIENTE

El rápido movimiento de las moléculas produce calor, que se propaga por el alimento y lo cocina.

4 AL REVÉS

Las microondas penetran en los alimentos y provocan su calentamiento, por lo que los cocinan de dentro hacia fuera. Un horno convencional, por el contrario, calienta el aire alrededor de la comida.

Revestimiento interior

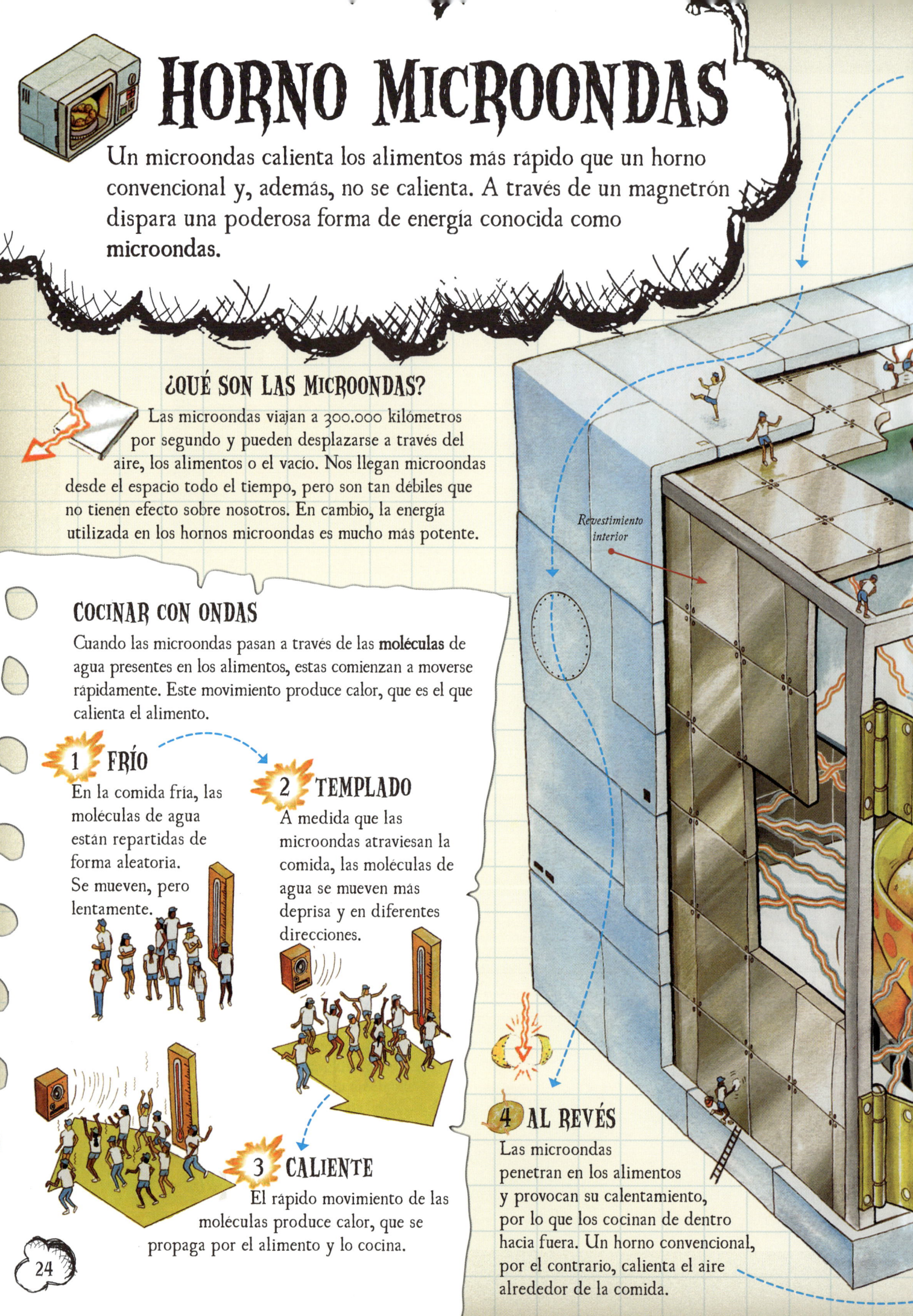

3 DISPERSIÓN DE LAS ONDAS

Las microondas no pueden viajar a través del metal, por lo que rebotan en las aspas del ventilador y salen disparadas en todas las direcciones.

Aspa giratoria del ventilador

Haz de microondas reflejadas

2 CREACIÓN DE MICROONDAS

Al pulsar el botón de encendido, el magnetrón utiliza electricidad para producir un haz de microondas. Este haz viaja por la parte superior del horno y golpea un ventilador de metal giratorio.

Las microondas salen del magnetrón.

El temporizador puede ajustarse a minutos y segundos.

Pulsar para comenzar

1 EN POCO TIEMPO

Antes de pulsar el botón de encendido para iniciar el equipo, es necesario ajustar el temporizador. Las microondas calientan los alimentos muy deprisa, así que es importante programar el tiempo justo.

El motor eléctrico acciona el ventilador y la bandeja giratoria.

5 UNA CAPA PROTECTORA

El horno está recubierto para evitar que las microondas se escapen, lo que sería una pérdida de energía. La fuga de microondas también podría ser perjudicial para cualquier persona situada cerca del horno.

Correa de transmisión

La bandeja giratoria da vueltas lentamente para garantizar que los alimentos se cocinen de manera uniforme.

25

FRIGORÍFICO

El frigorífico es un electrodoméstico muy importante, ya que, al mantener los alimentos fríos, impide que se estropeen. Normalmente, la parte trasera no se ve, pero a este le hemos dado la vuelta para que puedas observar todas sus piezas.

Un frigorífico funciona sacando el calor del compartimento interior. Esto se hace mediante el bombeo de forma continua de un líquido especial, llamado refrigerante, a través de un circuito de tuberías. A su paso, el refrigerante se transforma en **vapor** y, después, otra vez en **líquido**. Cuando se convierte en vapor, el frigorífico absorbe el calor de la comida. Al convertirse de nuevo en un líquido, el calor es liberado en la cocina.

1 MANTENER EL FRÍO

Si te bañas y luego sales sin secarte, en seguida comienzas a sentir frío. Esto se debe a que el agua en tu piel, calentada por tu cuerpo, comienza a **evaporarse** (se convierte en vapor) y te quita el calor a ti. Lo mismo le sucede al frigorífico: se enfría a medida que el calor del interior convierte el refrigerante líquido en vapor.

2 EN EL INTERIOR

Cuando el refrigerante entra en el congelador, pasa a través de una **tobera** estrecha hacia una serie de tubos. En ellos, el líquido refrigerante absorbe el calor que hay en el interior y se expande en forma de vapor; así, el congelador se enfría, enfriando también su contenido.

El refrigerante líquido se expande en estos tubos y se convierte en vapor.

*Tobera estrecha o **válvula** de expansión*

Congelador

3 DE VUELTA AL COMPRESOR

El refrigerante viaja entonces fuera del congelador, llevándose consigo el calor absorbido de la comida. A continuación se desplaza hacia el **compresor** (una pequeña bomba), que aplica **presión** sobre el refrigerante vaporizado para comprimirlo y que vuelva al estado líquido, y, así, comience a liberar el calor.

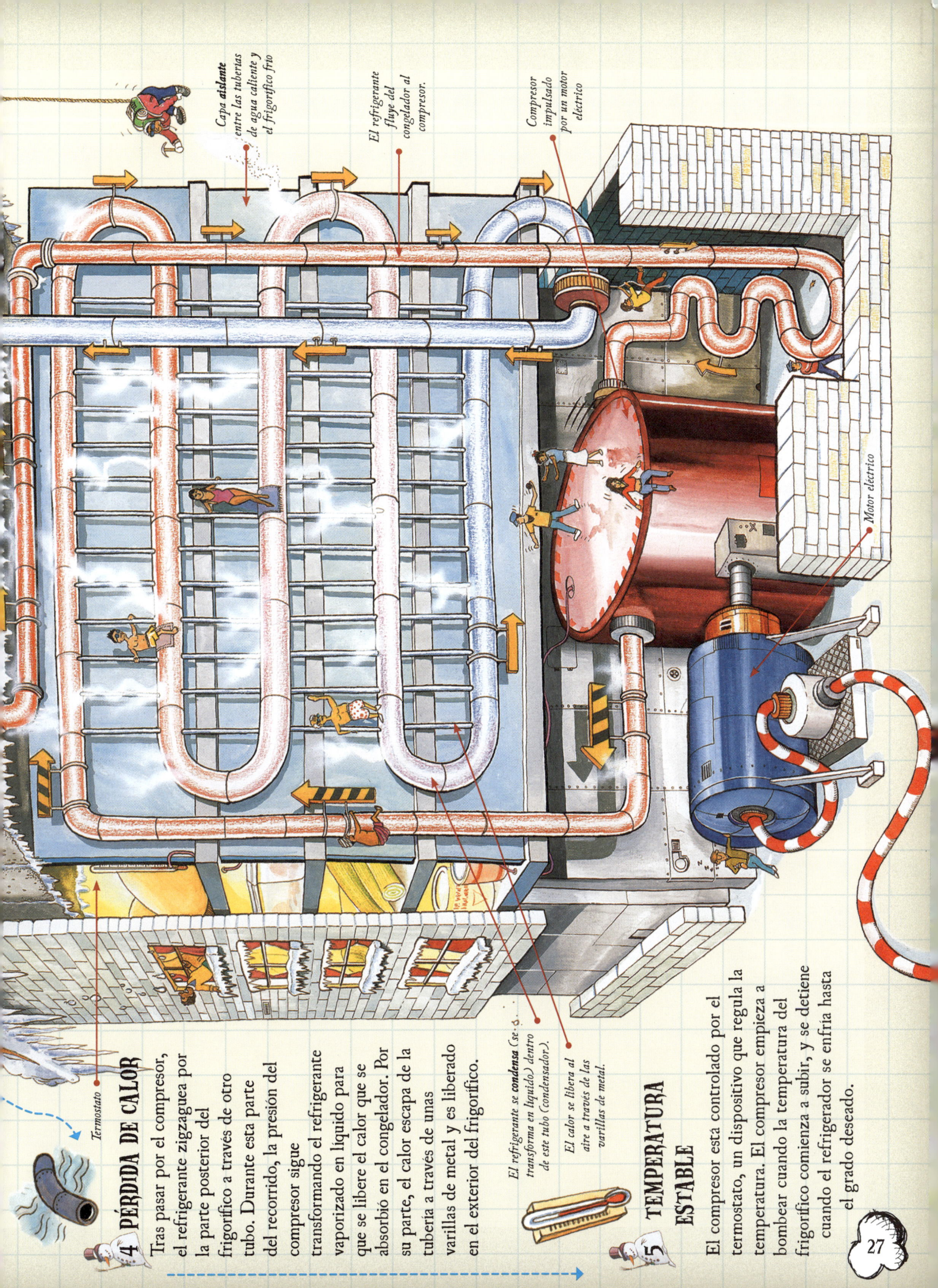

*Capa **aislante** entre las tuberías de agua caliente y el frigorífico frío*

El refrigerante fluye del congelador al compresor.

Compresor impulsado por un motor eléctrico

Motor eléctrico

Termostato

4 PÉRDIDA DE CALOR

Tras pasar por el compresor, el refrigerante zigzaguea por la parte posterior del frigorífico a través de otro tubo. Durante esta parte del recorrido, la presión del compresor sigue transformando el refrigerante vaporizado en líquido para que se libere el calor que se absorbió en el congelador. Por su parte, el calor escapa de la tubería a través de unas varillas de metal y es liberado en el exterior del frigorífico.

*El refrigerante se **condensa** (se transforma en líquido) dentro de este tubo (condensador).*

El calor se libera al aire a través de las varillas de metal.

5 TEMPERATURA ESTABLE

El compresor está controlado por el termostato, un dispositivo que regula la temperatura. El compresor empieza a bombear cuando la temperatura del frigorífico comienza a subir, y se detiene cuando el refrigerador se enfría hasta el grado deseado.

27

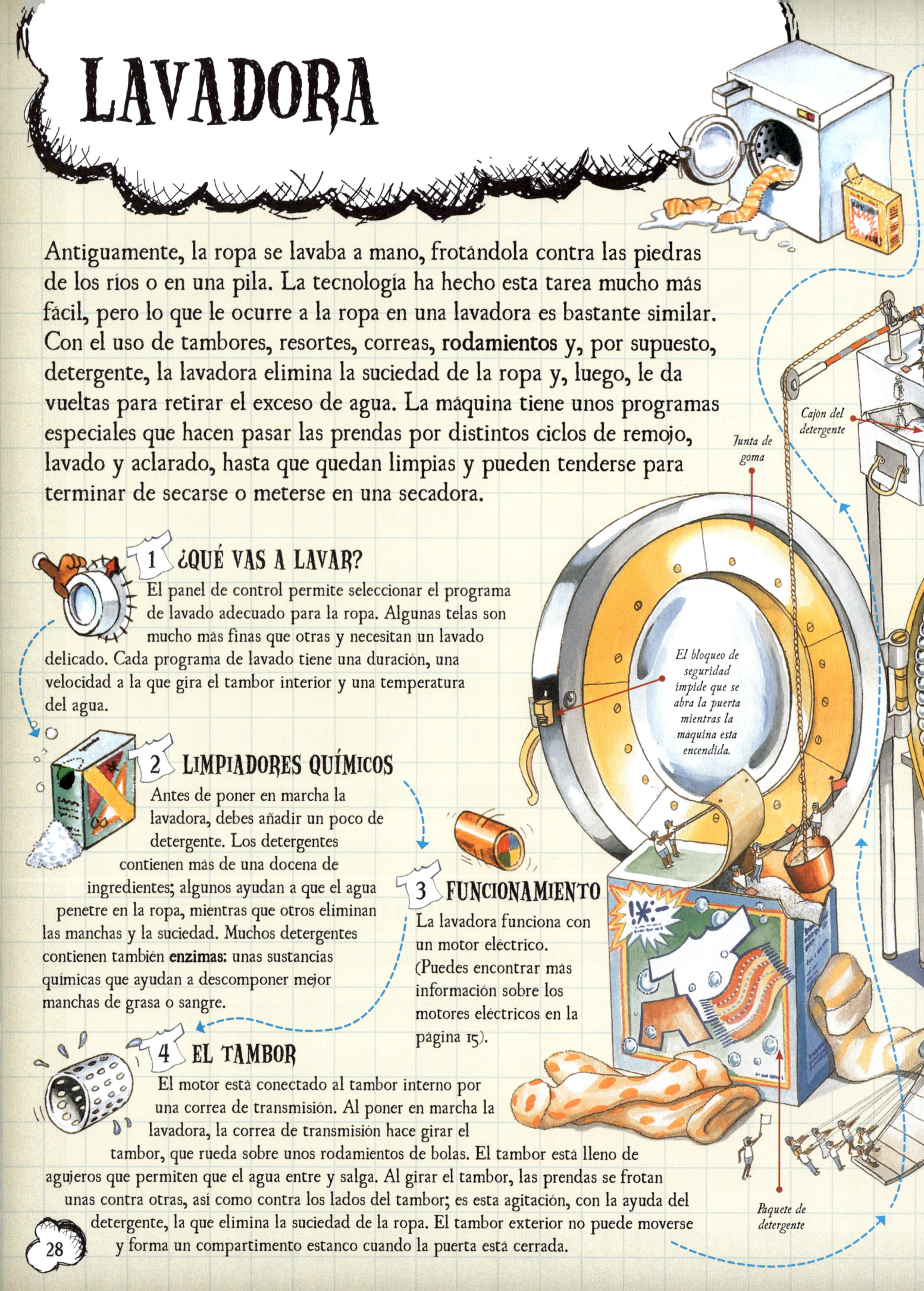

LAVADORA

Antiguamente, la ropa se lavaba a mano, frotándola contra las piedras de los ríos o en una pila. La tecnología ha hecho esta tarea mucho más fácil, pero lo que le ocurre a la ropa en una lavadora es bastante similar. Con el uso de tambores, resortes, correas, **rodamientos** y, por supuesto, detergente, la lavadora elimina la suciedad de la ropa y, luego, le da vueltas para retirar el exceso de agua. La máquina tiene unos programas especiales que hacen pasar las prendas por distintos ciclos de remojo, lavado y aclarado, hasta que quedan limpias y pueden tenderse para terminar de secarse o meterse en una secadora.

Junta de goma

Cajón del detergente

1 ¿QUÉ VAS A LAVAR?

El panel de control permite seleccionar el programa de lavado adecuado para la ropa. Algunas telas son mucho más finas que otras y necesitan un lavado delicado. Cada programa de lavado tiene una duración, una velocidad a la que gira el tambor interior y una temperatura del agua.

El bloqueo de seguridad impide que se abra la puerta mientras la máquina está encendida.

2 LIMPIADORES QUÍMICOS

Antes de poner en marcha la lavadora, debes añadir un poco de detergente. Los detergentes contienen más de una docena de ingredientes; algunos ayudan a que el agua penetre en la ropa, mientras que otros eliminan las manchas y la suciedad. Muchos detergentes contienen también **enzimas:** unas sustancias químicas que ayudan a descomponer mejor manchas de grasa o sangre.

3 FUNCIONAMIENTO

La lavadora funciona con un motor eléctrico. (Puedes encontrar más información sobre los motores eléctricos en la página 15).

4 EL TAMBOR

El motor está conectado al tambor interno por una correa de transmisión. Al poner en marcha la lavadora, la correa de transmisión hace girar el tambor, que rueda sobre unos rodamientos de bolas. El tambor está lleno de agujeros que permiten que el agua entre y salga. Al girar el tambor, las prendas se frotan unas contra otras, así como contra los lados del tambor; es esta agitación, con la ayuda del detergente, la que elimina la suciedad de la ropa. El tambor exterior no puede moverse y forma un compartimento estanco cuando la puerta está cerrada.

Paquete de detergente

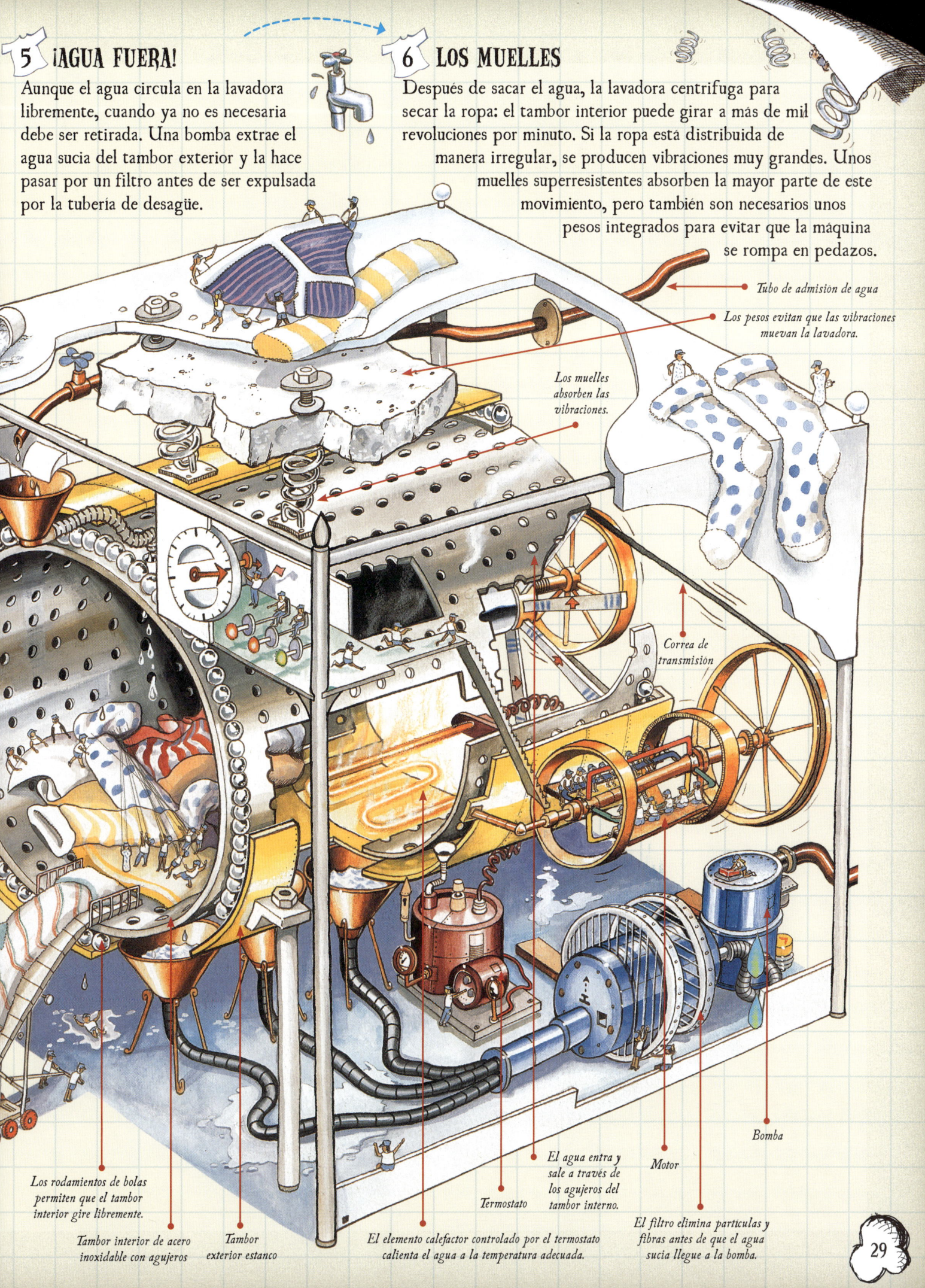

5 ¡AGUA FUERA!

Aunque el agua circula en la lavadora libremente, cuando ya no es necesaria debe ser retirada. Una bomba extrae el agua sucia del tambor exterior y la hace pasar por un filtro antes de ser expulsada por la tubería de desagüe.

6 LOS MUELLES

Después de sacar el agua, la lavadora centrifuga para secar la ropa: el tambor interior puede girar a más de mil revoluciones por minuto. Si la ropa está distribuida de manera irregular, se producen vibraciones muy grandes. Unos muelles superresistentes absorben la mayor parte de este movimiento, pero también son necesarios unos pesos integrados para evitar que la máquina se rompa en pedazos.

Tubo de admisión de agua

Los pesos evitan que las vibraciones muevan la lavadora.

Los muelles absorben las vibraciones.

Correa de transmisión

Los rodamientos de bolas permiten que el tambor interior gire libremente.

Tambor interior de acero inoxidable con agujeros

Tambor exterior estanco

El elemento calefactor controlado por el termostato calienta el agua a la temperatura adecuada.

Termostato

El agua entra y sale a través de los agujeros del tambor interno.

Motor

El filtro elimina partículas y fibras antes de que el agua sucia llegue a la bomba.

Bomba

29

ASPIRADORA

Veinticuatro horas al día, una ventisca invisible de polvo acumula partículas diminutas de materia en el interior de nuestras casas. Una pequeña cantidad entra cuando abrimos puertas y ventanas, pero la gran mayoría proviene de pequeñas fibras de ropa que se rompen y escamas microscópicas que se desprenden de nuestra piel. Si el polvo no se limpia, se acumula rápidamente por toda la casa. Afortunadamente, hay una manera muy fácil de deshacerse de él: la aspiradora crea una corriente de aire que recoge las partículas de polvo y las guarda en una bolsa que luego se puede tirar.

④ LIMPIEZA POR SUCCIÓN

La bolsa está en un compartimento situado, en el caso de esta aspiradora, en la parte superior del aparato, junto con un filtro. El compartimento es hermético, pero la bolsa contiene pequeños agujeros que permiten el flujo de aire gracias a un ventilador inferior. Cuando la aspiradora está encendida, el ventilador aspira el aire fuera del compartimento, produciendo un vacío parcial. La succión resultante empuja el aire y la suciedad a través del tubo de aspiración hasta la bolsa.

③ POLVO EN MOVIMIENTO

Una vez que el polvo se ha desprendido de la alfombra, es aspirado dentro de un tubo y transportado por su interior hasta una bolsa.

Las bolsas desechables atrapan la suciedad y el polvo al tiempo que permiten el paso del aire.

Un ventilador extrae el aire del compartimento hermético.

⑥ DEMASIADO POLVO

La bolsa está fabricada con un material especial que permite que el aire pase a través de ella mientras se mantienen el polvo y la suciedad en el interior. A medida que la bolsa se llena, es más difícil que el aire fluya. Como resultado, la succión es más débil y la aspiradora funciona peor.

⑤ LLENO DE AIRE

Cada vez que la aspiradora se pone en funcionamiento, la bolsa se hincha como un globo. Esto sucede porque la presión del aire dentro de la bolsa se vuelve mayor que la **presión atmosférica** a su alrededor.

Interruptor

Compartimento hermético

Tubo de aspiración

Un segundo filtro se asegura de retener todo el polvo y la suciedad antes de

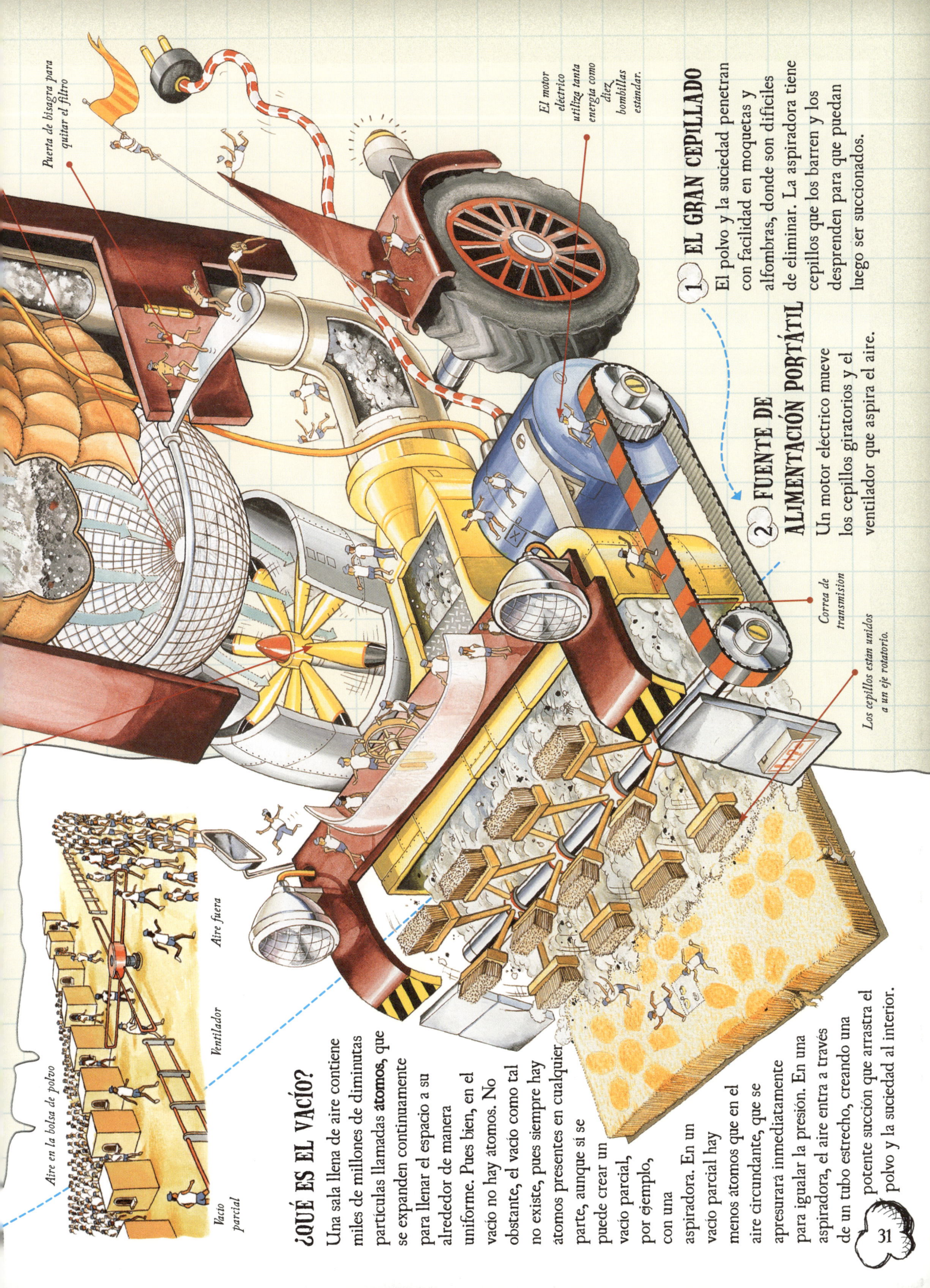

Puerta de bisagra para quitar el filtro

El motor eléctrico utiliza tanta energía como diez bombillas estándar.

1 EL GRAN CEPILLADO

El polvo y la suciedad penetran con facilidad en moquetas y alfombras, donde son difíciles de eliminar. La aspiradora tiene cepillos que los barren y los desprenden para que puedan luego ser succionados.

2 FUENTE DE ALIMENTACIÓN PORTÁTIL

Un motor eléctrico mueve los cepillos giratorios y el ventilador que aspira el aire.

Correa de transmisión

Los cepillos están unidos a un eje rotatorio.

Aire en la bolsa de polvo

Vacío parcial

Ventilador

Aire fuera

¿QUÉ ES EL VACÍO?

Una sala llena de aire contiene miles de millones de diminutas partículas llamadas **átomos**, que se expanden continuamente para llenar el espacio a su alrededor de manera uniforme. Pues bien, en el vacío no hay átomos. No obstante, el vacío como tal no existe, pues siempre hay átomos presentes en cualquier parte, aunque si se puede crear un vacío parcial, por ejemplo, con una aspiradora. En un vacío parcial hay menos átomos que en el aire circundante, que se apresurará inmediatamente para igualar la presión. En una aspiradora, el aire entra a través de un tubo estrecho, creando una potente succión que arrastra el polvo y la suciedad al interior.

MÁQUINA DE COSER

El interior de una máquina de coser es como una fábrica frenética donde suceden muchas cosas a la vez. Los ejes giran, las correas zumban, las varillas martillean y la aguja se mueve arriba y abajo con una velocidad cegadora. Pero, detrás de este aparente caos, hay una serie de movimientos cuidadosamente diseñados, todos ellos controlados por un único motor eléctrico. En menos de un segundo, una máquina de coser hace una puntada, la aprieta y mueve la tela para prepararse para la siguiente puntada.

OBJETOS EN MOVIMIENTO

Las máquinas de coser actuales funcionan con pequeños motores eléctricos. (Para obtener más información sobre los motores eléctricos, consulta la página 15). El motor hace girar un eje, que está unido al resto de las partes móviles dentro de la máquina de coser. Unas piezas llamadas manivelas y **levas** convierten el movimiento de rotación del eje en el movimiento hacia arriba y hacia abajo de la aguja.

Las placas de *fricción* controlan la tensión del hilo que va a la aguja.

La manivela convierte el movimiento giratorio del eje en un movimiento de la aguja arriba y abajo.

El hilo de la aguja se desenrolla del carrete en la parte superior de la máquina.

La biela gira el eje conectado a la placa dentada.

Bobina con hilo

Un pie de metal (prensatelas) sujeta la tela mientras se cose.

La placa dentada levanta el tejido y lo mueve después de cada puntada.

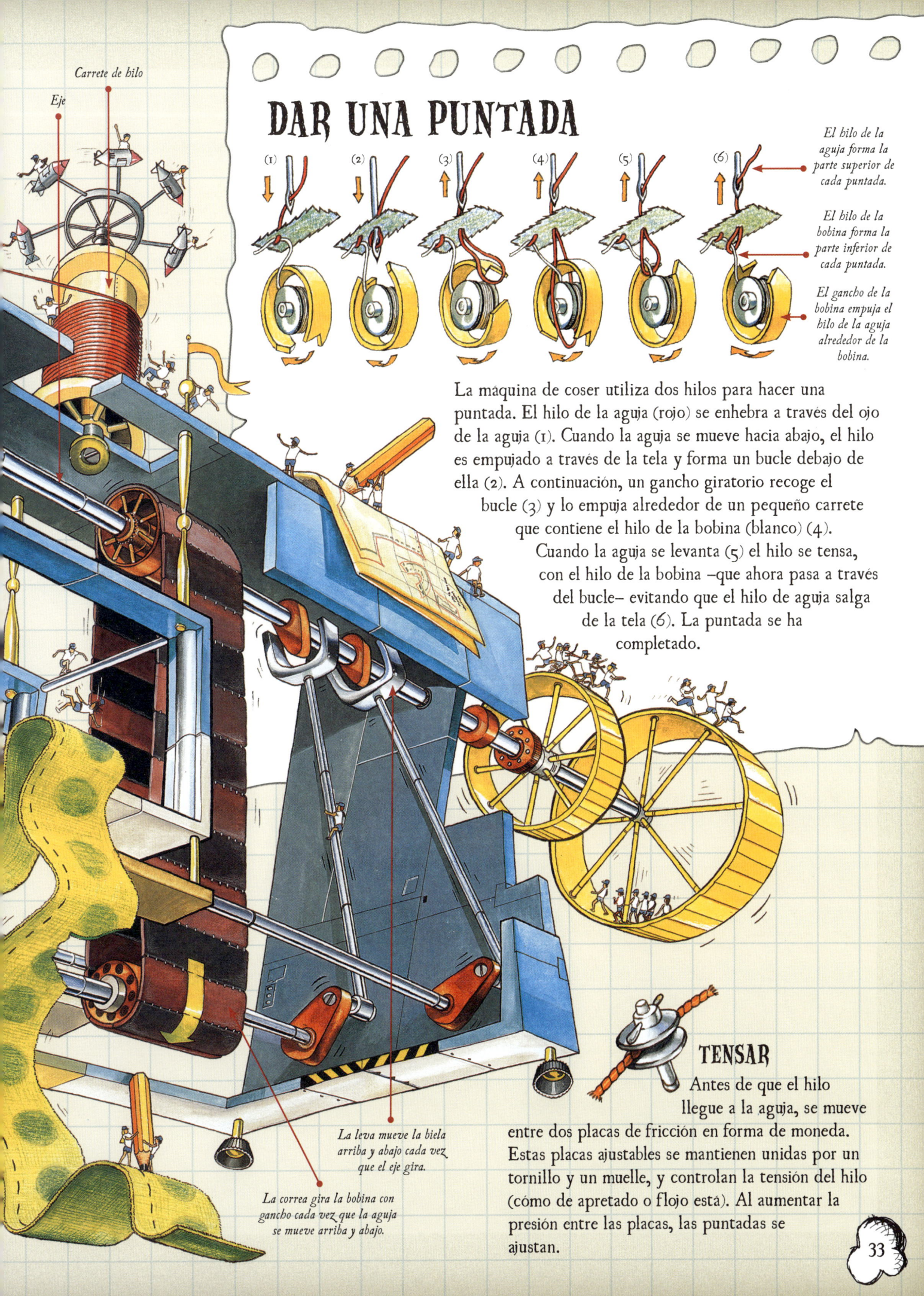

DAR UNA PUNTADA

(1) (2) (3) (4) (5) (6)

Carrete de hilo

Eje

El hilo de la aguja forma la parte superior de cada puntada.

El hilo de la bobina forma la parte inferior de cada puntada.

El gancho de la bobina empuja el hilo de la aguja alrededor de la bobina.

La máquina de coser utiliza dos hilos para hacer una puntada. El hilo de la aguja (rojo) se enhebra a través del ojo de la aguja (1). Cuando la aguja se mueve hacia abajo, el hilo es empujado a través de la tela y forma un bucle debajo de ella (2). A continuación, un gancho giratorio recoge el bucle (3) y lo empuja alrededor de un pequeño carrete que contiene el hilo de la bobina (blanco) (4).

Cuando la aguja se levanta (5) el hilo se tensa, con el hilo de la bobina –que ahora pasa a través del bucle– evitando que el hilo de aguja salga de la tela (6). La puntada se ha completado.

La leva mueve la biela arriba y abajo cada vez que el eje gira.

La correa gira la bobina con gancho cada vez que la aguja se mueve arriba y abajo.

TENSAR

Antes de que el hilo llegue a la aguja, se mueve entre dos placas de fricción en forma de moneda. Estas placas ajustables se mantienen unidas por un tornillo y un muelle, y controlan la tensión del hilo (cómo de apretado o flojo está). Al aumentar la presión entre las placas, las puntadas se ajustan.

SOBRES GRANDES

Las cartas avanzan a lo largo de una cinta transportadora.

Oficina de clasificación

SOBRES MEDIANOS

1 ¿GRANDE, MEDIANO O PEQUEÑO?

El empleado de correos lleva las cartas a una oficina. En ella, una cinta transportadora las desplaza hasta una **máquina clasificadora** que separa el correo en sobres pequeños, medianos y grandes. Después, una máquina comprueba si llevan sello, mientras que otra imprime un matasellos que muestra desde dónde y cuándo fueron enviadas las cartas.

Lectura de la dirección y el código postal

Clasificación por tamaño

SOBRES PEQUEÑOS

11 ÚLTIMA CLASIFICACIÓN

Por fin, la carta llega a la ciudad de destino. En la oficina de correos local, las cartas se clasifican de nuevo, esta vez por barrios y calles. El correo está ahora listo para la entrega.

Cada saca de correo contiene las cartas de un distrito concreto.

10 RECORRIENDO EL PAÍS

Si la carta va a un pueblo cercano, se llevará en camión o camioneta. El correo para lugares más lejanos a veces se envía en tren, y, en países muy grandes, puede que viaje otra vez en avión para llegar a las ciudades de la otra punta del país.

Comienza la entrega de cartas por pueblos y ciudades.

ALLÁ VAMOS...

Una vez que la carta cae en un buzón de correos, el servicio postal inicia su trabajo. Como hay diferentes horarios de recogida, la carta puede quedarse allí dentro un tiempo, hasta que un empleado de correos vaya y la recoja.

Recogida del correo

Cartas en el buzón

¡Por fin ha llegado!

12 **EN EL BUZÓN**

Cada cartero reparte la correspondencia de un pequeño distrito. Algunos llevan las cartas en un camión o furgoneta, y otros las entregan en bicicleta, pero la mayoría de los trabajadores postales hacen su recorrido a pie.

Una carta puede tardar como poco dos días en viajar al otro lado del mundo.

SERVICIO POSTAL

Cuando alguien te escribe desde otro barrio, otra ciudad u otro país, la carta viaja y se las arregla para encontrar el camino hasta tu casa. Levanta estas páginas para descubrir cómo lo consigue.

LA DIRECCIÓN CORRECTA

Tu carta no llegará a su destino si no lleva la dirección y el **código postal** escritos en el sobre. Cada barrio o distrito tiene su propio código postal (una secuencia números), lo que permite a unas máquinas clasificar las cartas para que vayan al lugar correcto.

Si no tienes parientes o amigos que vivan en el extranjero, pide a tus padres o profesores que te ayuden a encontrar a alguien con quien escribirte.

¿CÓMO HACE ESTA CARTA PARA VIAJAR DE UNA

Si estás escribiendo a un amigo, puedes terminar la carta con «De parte de» o «Con cariño de», y, luego, tu nombre.

Si estás escribiendo una carta formal, puedes terminar con «Atentamente» y, después, tu nombre completo.

Si estás escribiendo a un amigo, comienza tu carta con «Querido» y, luego, el nombre de tu amigo.

Escribe tu dirección en la parte superior de la hoja para que la persona a quien estás escribiendo sepa dónde enviar la respuesta. Incluye también la fecha.

34

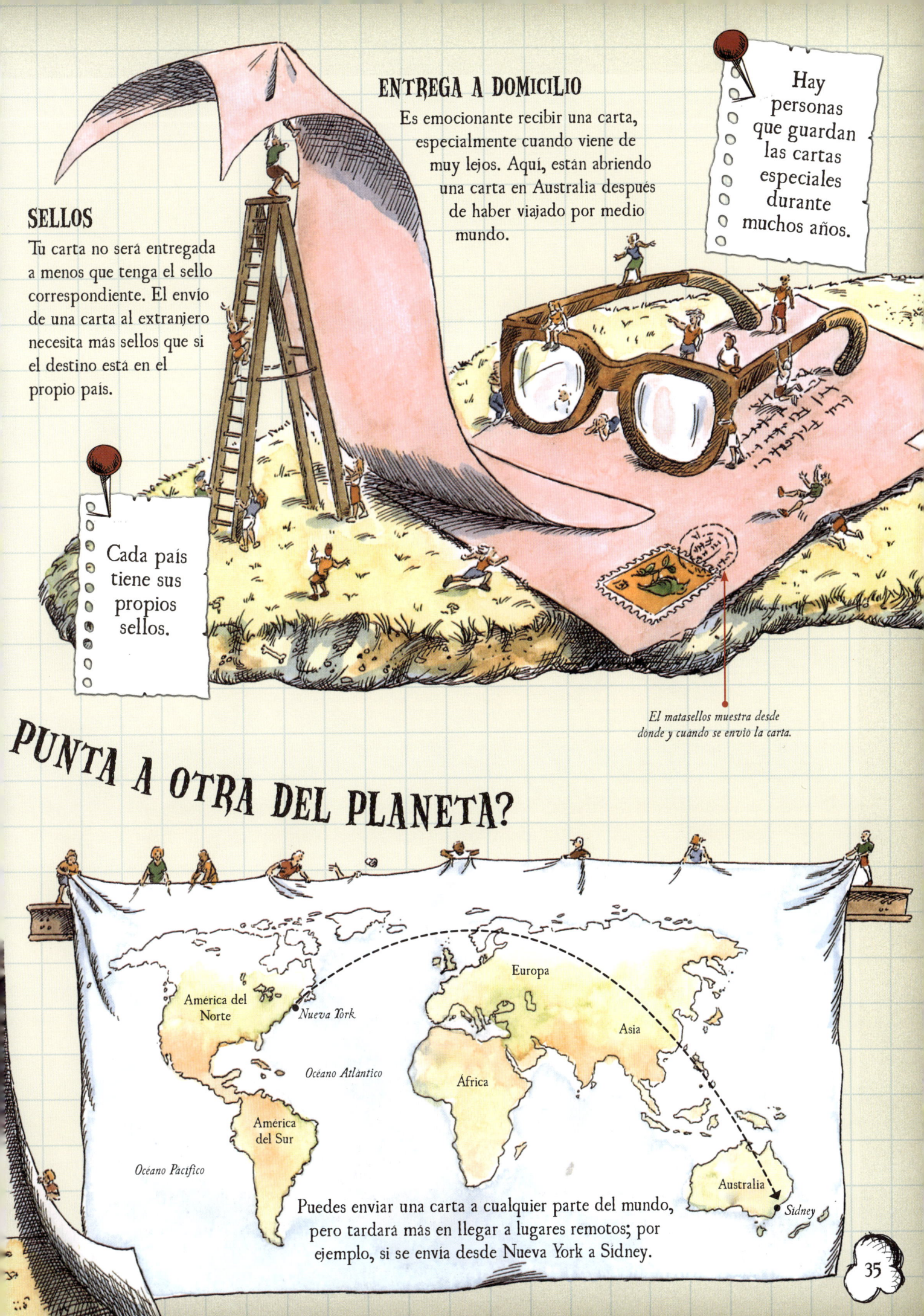

SELLOS

Tu carta no será entregada a menos que tenga el sello correspondiente. El envío de una carta al extranjero necesita más sellos que si el destino está en el propio país.

ENTREGA A DOMICILIO

Es emocionante recibir una carta, especialmente cuando viene de muy lejos. Aquí, están abriendo una carta en Australia después de haber viajado por medio mundo.

Hay personas que guardan las cartas especiales durante muchos años.

Cada país tiene sus propios sellos.

El matasellos muestra desde dónde y cuándo se envió la carta.

PUNTA A OTRA DEL PLANETA?

Europa

Asia

América del Norte

Nueva York

Océano Atlántico

África

América del Sur

Océano Pacífico

Australia

Sidney

Puedes enviar una carta a cualquier parte del mundo, pero tardará más en llegar a lugares remotos; por ejemplo, si se envía desde Nueva York a Sidney.

4 CLASIFICACIÓN

En la oficina de correos hay sacos o cajas separadas para cada ciudad del país y para el extranjero. Un lector lee el código de barras impreso en el sobre y lo deja caer en la caja, en este caso, destinada al correo internacional.

Separación del correo por ciudad y país

5 CORREO DE ALTOS VUELOS

Un gran camión recoge todas las cajas y sacos con destino a Australia y las lleva al aeropuerto, donde se cargan en un avión. Algunos artículos grandes son enviados al extranjero por vía marítima, pero la mayoría se transportan por correo aéreo, ya que los aviones son mucho más rápidos que los barcos.

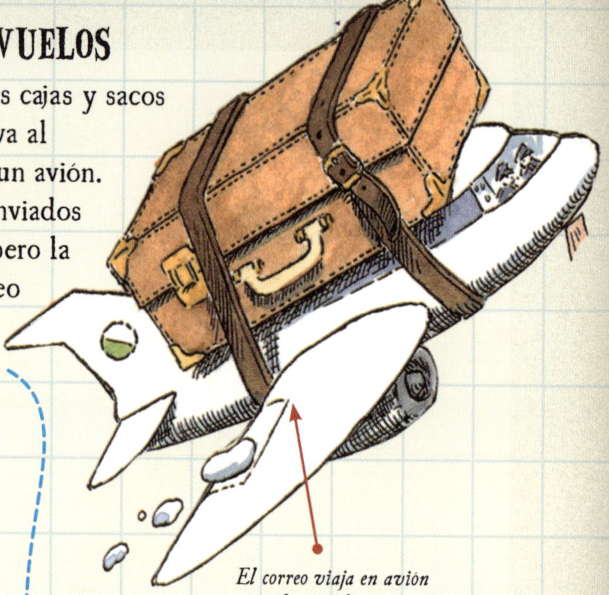

¡Despeque!

El correo viaja en avión a lugares lejanos.

Un avión puede tardar más de 12 horas en llegar a Australia desde Estados Unidos, por ejemplo.

7 CRUCE DE ESTACIONES

Cuando esta carta fue enviada, era invierno en Estados Unidos, pero, cuando el avión aterriza en Australia, ¡es pleno verano! Esto se debe a que la mitad sur del planeta vive las estaciones exactamente 6 meses después que la mitad norte.

Descarga del correo

6 LA PÉRDIDA DE UN DÍA

Cuando el avión vuela sobre el océano Pacífico, cruza la Línea Internacional de Cambio de Fecha. En ese punto, el piloto tiene que retrasar un día el calendario.

2 ¿A DÓNDE?

Una máquina llamada **lector óptico de caracteres** escanea la escritura en la parte frontal del sobre para averiguar hacia dónde se dirige la carta, y le dice a otra máquina, llamada impresora de códigos de barras, dónde está ese sitio.

Impresión del código de barras

3 CÓDIGO DE BARRAS

La impresora de códigos de barras imprime en el sobre una serie de barras gruesas y finas, conocida como código de barras, para mostrar hacia dónde se dirige. Solo los lectores de códigos de barras pueden entender este código.

IMPRESORA DE CÓDIGOS DE BARRAS

Lectura de códigos de barras

9 ¿AHORA DÓNDE?

Un lector escanea los códigos de barras de los sobres para saber adónde se dirigen. Después, se agrupan en sacas de correo o cajas con la misma dirección.

Las cartas se agrupan en buzones con la misma ciudad de destino.

SIDNEY

ALICE SPRINGS

MELBOURNE

8 EN OTRO HEMISFERIO

El correo se descarga del avión y se lleva en camión a otra oficina de correos. Ahora, la carta está en manos del servicio postal australiano.

Oficina de correos en Australia

BASURA

Cuando tiras algo a la basura, ¿te has preguntado alguna vez qué pasa con ella? Hay cosas que se pueden **reciclar** y volver a utilizar, pero otros residuos tienen que enterrarse o quemarse.

PLÁSTICO
La mayoría de los plásticos no se descomponen, por lo que en los vertederos se apilan más y más plásticos viejos.

METAL
Muchos objetos metálicos, como las latas (de aluminio para bebidas y de acero para comida), pueden reciclarse.

VIDRIO
Los frascos y botellas de vidrio pueden reciclarse, pero primero tienen que separarse por colores.

PAPEL
Aunque se talan millones de árboles cada año para hacer nuevos libros y revistas, la mayoría del papel puede reciclarse.

Los plásticos se trituran antes de ser reciclados.

Los metales se clasifican y limpian.

El vidrio se rompe en trozos pequeños.

Para poder ser reciclado, el papel usado debe cortarse en trozos muy pequeños.

Una vez triturados, se funden y se vierten en moldes para hacer nuevos objetos.

El metal se calienta por tipos hasta fundirlo y, luego, se vierte en moldes.

Los trozos de vidrio se funden por colores para hacer vidrio nuevo de ese color.

Los trozos de papel se mezclan con agua y se hierven para hacer una pasta.

La pasta se extiende sobre una malla metálica y se escurre para hacer papel nuevo.

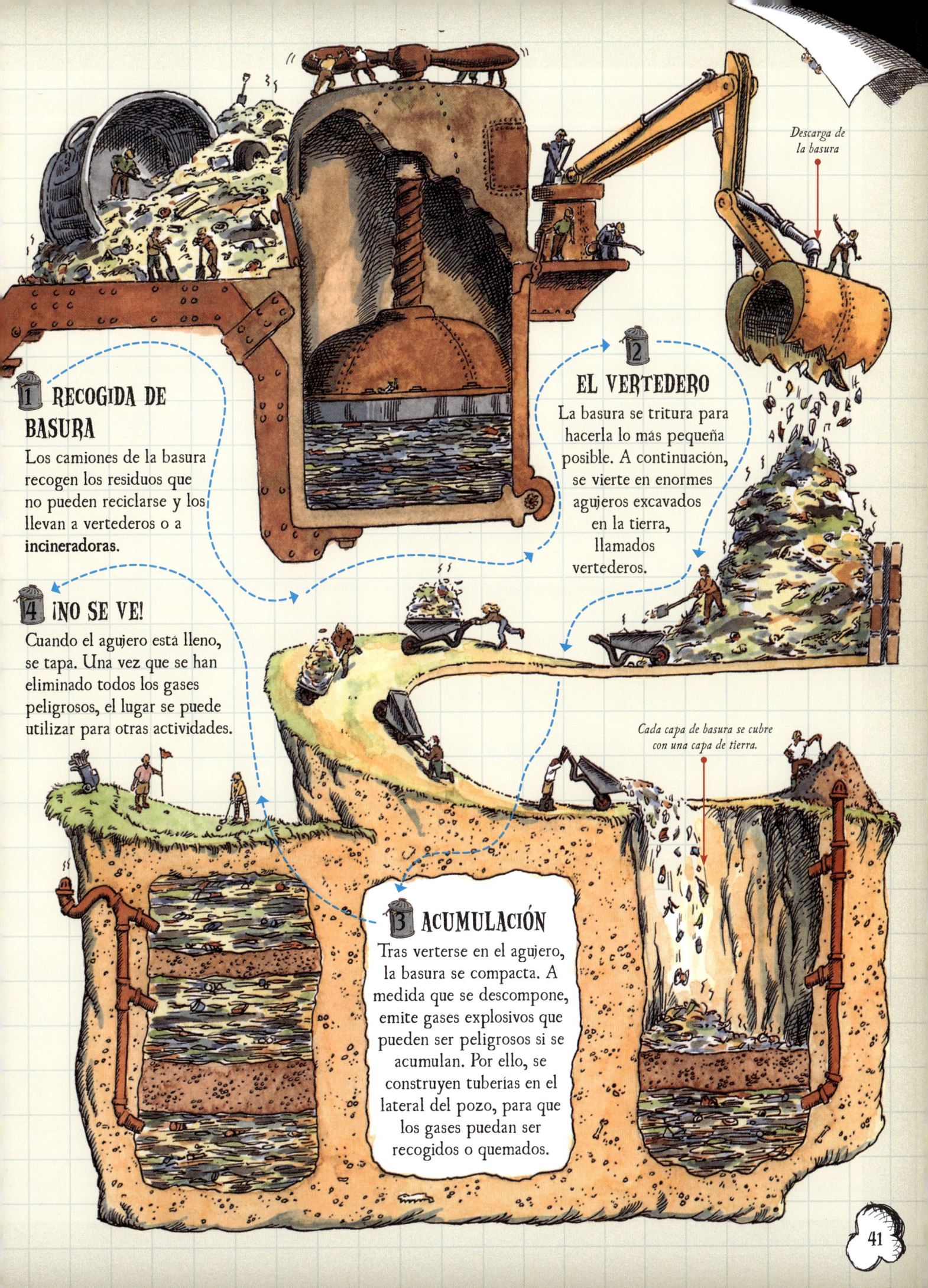

1 RECOGIDA DE BASURA

Los camiones de la basura recogen los residuos que no pueden reciclarse y los llevan a vertederos o a **incineradoras.**

4 ¡NO SE VE!

Cuando el agujero está lleno, se tapa. Una vez que se han eliminado todos los gases peligrosos, el lugar se puede utilizar para otras actividades.

Descarga de la basura

EL VERTEDERO

La basura se tritura para hacerla lo más pequeña posible. A continuación, se vierte en enormes agujeros excavados en la tierra, llamados vertederos.

Cada capa de basura se cubre con una capa de tierra.

3 ACUMULACIÓN

Tras verterse en el agujero, la basura se compacta. A medida que se descompone, emite gases explosivos que pueden ser peligrosos si se acumulan. Por ello, se construyen tuberías en el lateral del pozo, para que los gases puedan ser recogidos o quemados.

AGUA

Abres el grifo y sale agua: limpia, fresca y lista para beber, lavar algo o bañarte. En general, cada persona consume alrededor de 150 litros de agua al día. La mayoría procede de la lluvia, pero ¿cómo llega hasta el grifo?

Filtrado del agua

1 LLUVIA REFRESCANTE

La lluvia alimenta los ríos o se infiltra en la tierra. Unas bombas extraen el agua a través de enormes tuberías, y cualquier objeto en el agua, como ramas o peces muertos, se criba.

Extracción del agua a través de una tubería

8 HORA DEL BAÑO

Las conducciones de agua están unidas a las pequeñas tuberías de tu casa. Así, cuando abres el grifo, ¡sale agua!

Agua para beber

Agua para bañarse

7 ¡FSSSHHH!

Algunas calles tienen unos grifos en el suelo, llamados hidrantes. Están conectados a la red de suministro, donde el agua circula a una presión muy alta. Así, cuando los bomberos conectan en ellos una manguera, reciben un fuerte chorro de agua para la extinción de incendios. Los hodrantes también se pueden utilizar como bocas de riego.

Agua para lavar los platos

Agua para combatir incendios

2 AGUA SUCIA

El agua de la lluvia suele estar sucia, por lo que ha de limpiarse o tratarse antes de utilizarse en casa. En primer lugar, se añaden dos productos químicos: sulfato de aluminio y cal.

Añadido de productos químicos

Mezcla de químicos

3 LOS FLÓCULOS

Los productos químicos se mezclan. En esta etapa, el agua todavía contiene restos de suciedad. La adición de productos químicos hace que todas las pequeñas motas de suciedad se acumulen juntas en los llamados **flóculos**. Estos no son más grandes que un grano de sal, pero pesan lo suficiente como para hundirse lentamente.

4 SEDIMENTACIÓN

El agua se dirige a un **tanque de sedimentación**, donde los flóculos se hunden hasta el fondo y forman un lodo espeso. El lodo se retira y el agua pasa a la siguiente etapa.

6 BANCO DE AGUA

El agua ya se puede beber. A través de enormes tubos, llamados conductos, es transportada hasta **depósitos** cubiertos o tanques en la parte superior de las torres de agua, donde se almacena hasta que se necesite. Cuando abres un grifo, el agua pasa a través de las grandes tuberías de la red de suministro y, desde allí, es bombeada a tu casa.

El agua circula por la red de suministro.

Hidrante

Tanque de filtrado

5 FILTRADO

El agua todavía no está lo bastante limpia, así que se drena a través de capas de arena y piedras que atrapan muy bien la suciedad. Este proceso se denomina filtración. También se añaden bacterias, para que descompongan cualquier pequeño residuo que quede en el agua. Finalmente, se añade un poco de cloro para matar los gérmenes y... ¡tenemos agua limpia!

CISTERNA

Boya llena de aire unida a la varilla de la válvula

La cisterna del inodoro es algo que utilizamos todos los días, pero rara vez se examina con atención. En el interior, el tanque tiene dos piezas simples pero efectivas que hacen que el inodoro funcione: una boya y un sifón. La boya, a un lado del tanque, asegura que este se llena de agua hasta el nivel adecuado, y no más arriba. El sifón, en el centro, lleva el agua hacia la taza del inodoro en un flujo continuo. Ahora, ¿estás listo para descubrir lo que sucede cuando se tira de la cadena?

CÓMO FUNCIONA UN SIFÓN

Un sifón es un tubo curvado que permite pasar los líquidos desde un nivel superior a otro inferior. El sifón funciona por succión, cuando el aire se elimina de un espacio y un líquido ocupa su lugar; entonces el agua fluye de forma continua tanto tiempo como el tubo permanezca lleno de agua y esta descienda desde un nivel superior a uno inferior. Pero, tan pronto como el aire entra en el sifón, la succión se rompe y el flujo de agua se detiene. En un inodoro, el tubo sifónico conduce el agua por este método desde la cisterna a la taza.

1 EL AGUA SE MUEVE

La cadena del inodoro está conectada a un pistón (dos discos que se deslizan) dentro de la campana sifónica. Cuando se tira de la cadena, una palanca tira de estos discos, forzando que el agua pase por el tubo sifónico. Esto produce una succión, que impulsa el resto del agua del tanque hacia el tubo. Desde él, el agua fluye rápidamente hacia abajo a la taza del inodoro. A medida que la cisterna se vacía, la boya también baja, pues el nivel de agua disminuye.

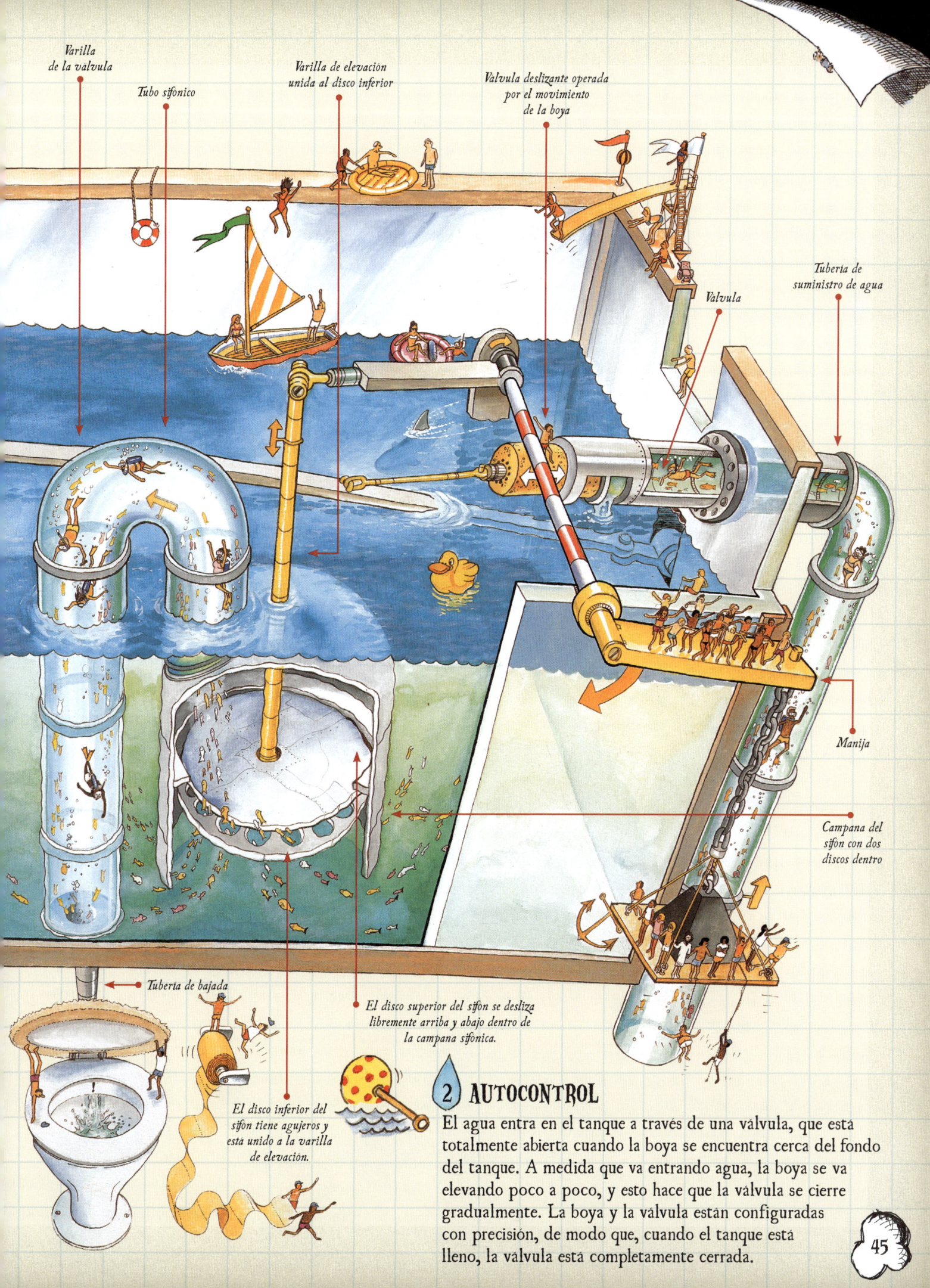

Varilla
de la válvula

Tubo sifónico

Varilla de elevación
unida al disco inferior

Válvula deslizante operada
por el movimiento
de la boya

Válvula

Tubería de
suministro de agua

Manija

Campana del
sifón con dos
discos dentro

Tubería de bajada

El disco superior del sifón se desliza
libremente arriba y abajo dentro de
la campana sifónica.

El disco inferior del
sifón tiene agujeros y
está unido a la varilla
de elevación.

② AUTOCONTROL

El agua entra en el tanque a través de una válvula, que está
totalmente abierta cuando la boya se encuentra cerca del fondo
del tanque. A medida que va entrando agua, la boya se va
elevando poco a poco, y esto hace que la válvula se cierre
gradualmente. La boya y la válvula están configuradas
con precisión, de modo que, cuando el tanque está
lleno, la válvula está completamente cerrada.

AGUAS RESIDUALES

Cuando quitas el tapón de la bañera o tiras de la cadena, toda el agua y los residuos se van por el desagüe. Pero ¿adónde se dirigen? ¿Y por qué el mundo no huele cada vez peor?

¡Allá va!

6 LECHOS FILTRANTES

El agua se pasa por lechos filtrantes, unas capas de piedras de distinto tamaño.

Lechos filtrantes

El vapor del agua en ebullición da energía a las bombas de la planta de tratamiento de aguas residuales.

El metano que producen los lodos se quema para hervir agua.

7 GÉRMENES ÚTILES

El limo de las piedras contiene **bacterias** que se comen cualquier contaminante que pueda quedar en el agua que va escurriendo entre las capas de piedras.

Tanque de digestión de lodo

El lodo limpio del tanque de digestión se puede utilizar como abono.

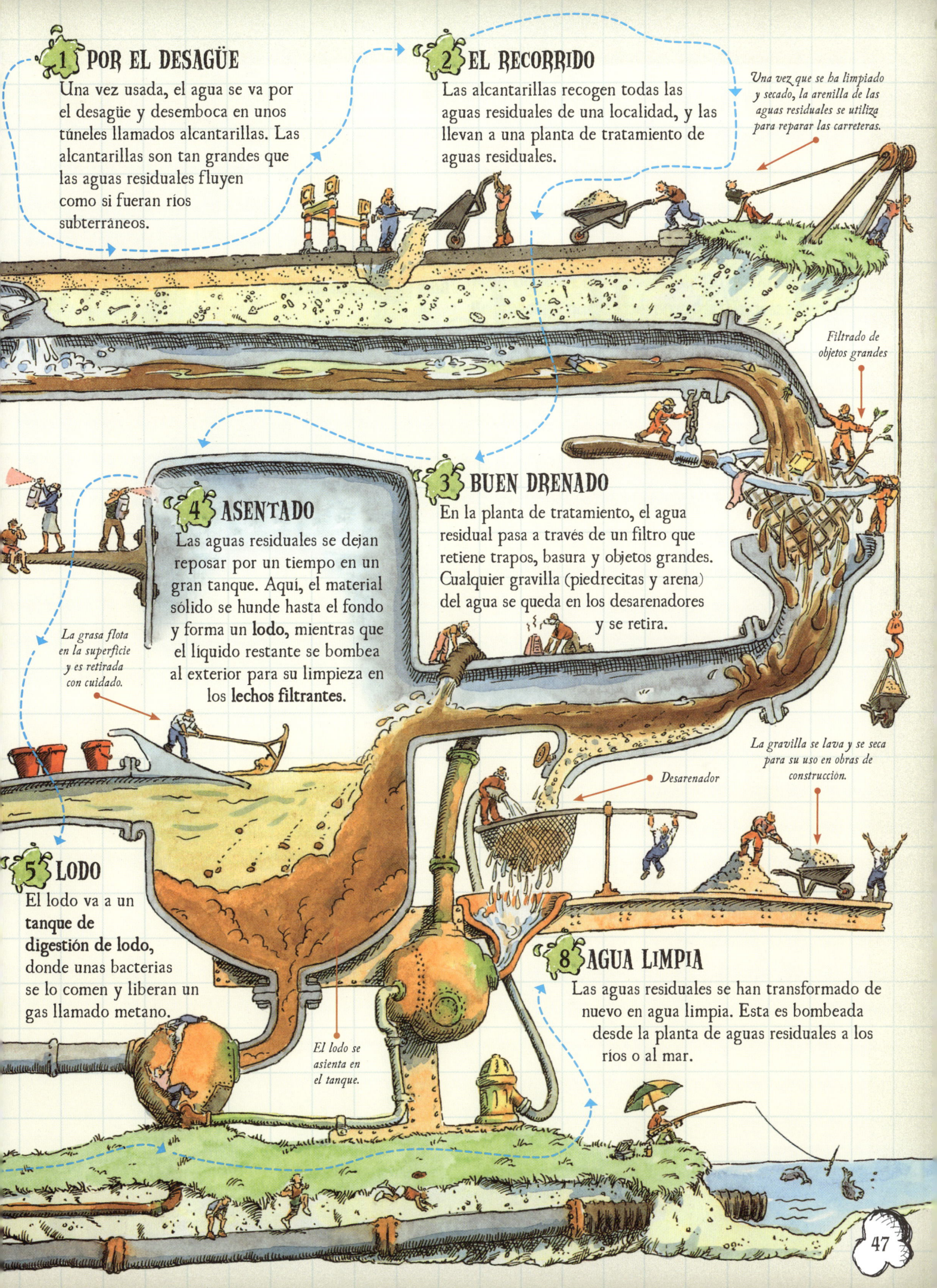

1 POR EL DESAGÜE

Una vez usada, el agua se va por el desagüe y desemboca en unos túneles llamados alcantarillas. Las alcantarillas son tan grandes que las aguas residuales fluyen como si fueran ríos subterráneos.

2 EL RECORRIDO

Las alcantarillas recogen todas las aguas residuales de una localidad, y las llevan a una planta de tratamiento de aguas residuales.

Una vez que se ha limpiado y secado, la arenilla de las aguas residuales se utiliza para reparar las carreteras.

Filtrado de objetos grandes

4 ASENTADO

Las aguas residuales se dejan reposar por un tiempo en un gran tanque. Aquí, el material sólido se hunde hasta el fondo y forma un **lodo**, mientras que el líquido restante se bombea al exterior para su limpieza en los **lechos filtrantes**.

La grasa flota en la superficie y es retirada con cuidado.

3 BUEN DRENADO

En la planta de tratamiento, el agua residual pasa a través de un filtro que retiene trapos, basura y objetos grandes. Cualquier gravilla (piedrecitas y arena) del agua se queda en los desarenadores y se retira.

La gravilla se lava y se seca para su uso en obras de construcción.

Desarenador

5 LODO

El lodo va a un **tanque de digestión de lodo,** donde unas bacterias se lo comen y liberan un gas llamado metano.

El lodo se asienta en el tanque.

8 AGUA LIMPIA

Las aguas residuales se han transformado de nuevo en agua limpia. Esta es bombeada desde la planta de aguas residuales a los ríos o al mar.

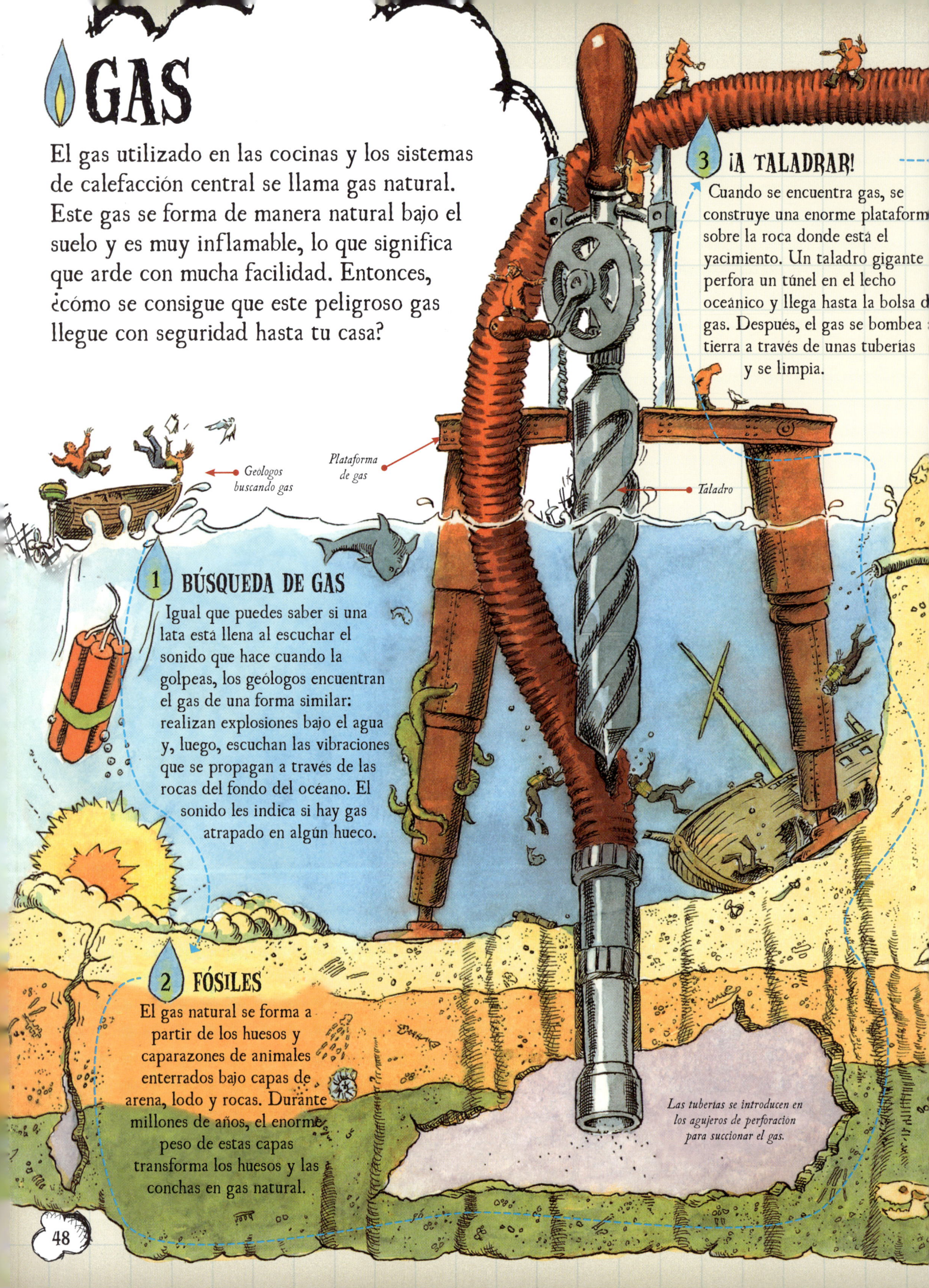

GAS

El gas utilizado en las cocinas y los sistemas de calefacción central se llama gas natural. Este gas se forma de manera natural bajo el suelo y es muy inflamable, lo que significa que arde con mucha facilidad. Entonces, ¿cómo se consigue que este peligroso gas llegue con seguridad hasta tu casa?

Geólogos buscando gas

Plataforma de gas

3 ¡A TALADRAR!

Cuando se encuentra gas, se construye una enorme plataforma sobre la roca donde está el yacimiento. Un taladro gigante perfora un túnel en el lecho oceánico y llega hasta la bolsa de gas. Después, el gas se bombea a tierra a través de unas tuberías y se limpia.

Taladro

1 BÚSQUEDA DE GAS

Igual que puedes saber si una lata está llena al escuchar el sonido que hace cuando la golpeas, los geólogos encuentran el gas de una forma similar: realizan explosiones bajo el agua y, luego, escuchan las vibraciones que se propagan a través de las rocas del fondo del océano. El sonido les indica si hay gas atrapado en algún hueco.

2 FÓSILES

El gas natural se forma a partir de los huesos y caparazones de animales enterrados bajo capas de arena, lodo y rocas. Durante millones de años, el enorme peso de estas capas transforma los huesos y las conchas en gas natural.

Las tuberías se introducen en los agujeros de perforación para succionar el gas.

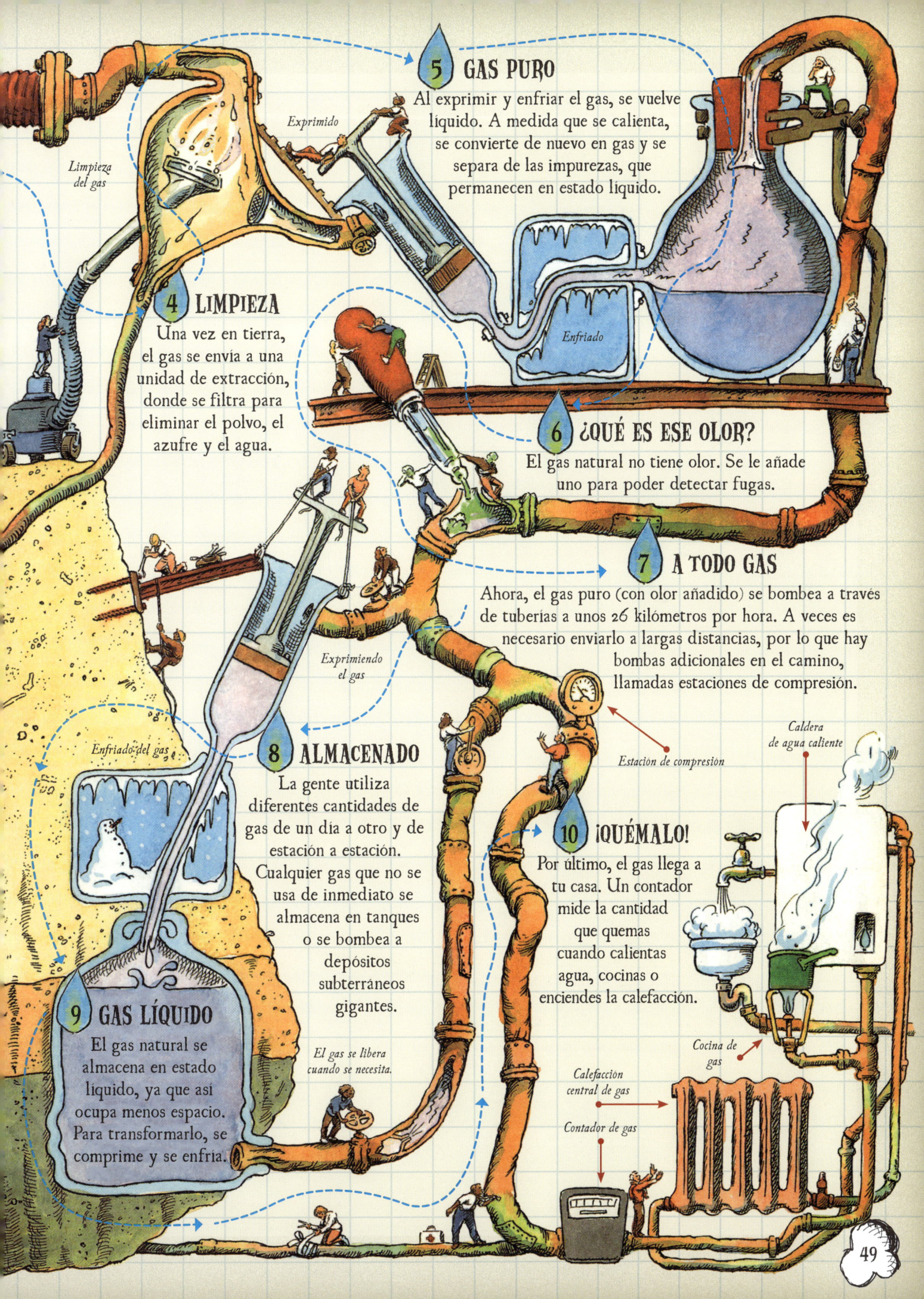

5 GAS PURO

Al exprimir y enfriar el gas, se vuelve líquido. A medida que se calienta, se convierte de nuevo en gas y se separa de las impurezas, que permanecen en estado líquido.

Exprimido

Limpieza del gas

Enfriado

4 LIMPIEZA

Una vez en tierra, el gas se envía a una unidad de extracción, donde se filtra para eliminar el polvo, el azufre y el agua.

6 ¿QUÉ ES ESE OLOR?

El gas natural no tiene olor. Se le añade uno para poder detectar fugas.

Exprimiendo el gas

7 A TODO GAS

Ahora, el gas puro (con olor añadido) se bombea a través de tuberías a unos 26 kilómetros por hora. A veces es necesario enviarlo a largas distancias, por lo que hay bombas adicionales en el camino, llamadas estaciones de compresión.

Enfriado del gas

Estación de compresión

Caldera de agua caliente

8 ALMACENADO

La gente utiliza diferentes cantidades de gas de un día a otro y de estación a estación. Cualquier gas que no se usa de inmediato se almacena en tanques o se bombea a depósitos subterráneos gigantes.

10 ¡QUÉMALO!

Por último, el gas llega a tu casa. Un contador mide la cantidad que quemas cuando calientas agua, cocinas o enciendes la calefacción.

9 GAS LÍQUIDO

El gas natural se almacena en estado líquido, ya que así ocupa menos espacio. Para transformarlo, se comprime y se enfría.

El gas se libera cuando se necesita.

Cocina de gas

Calefacción central de gas

Contador de gas

4 APLICACIONES

Los móviles se venden ya configurados con programas o aplicaciones. Estas permiten hacer llamadas, enviar mensajes de texto, utilizar el correo electrónico, confeccionar una agenda, almacenar una lista de contactos, decirte la hora o hacer cuentas. También hay aplicaciones para jugar, hacer música y vídeos, llevar un diario, pintar cuadros y mucho, mucho más. La mayoría son gratuitas o te costará poco dinero comprarlas y descargarlas en tu teléfono.

Para abrir una aplicación, simplemente pulsas sobre su icono. Esta sirve para enviar mensajes de correo electrónico.

Chatear online

Utilizar una red inalámbrica

Enviar mensajes

Leer noticias

Dibujar

5 FOTOS Y VÍDEOS

Los teléfonos móviles suelen incluir una cámara, y las fotos son de una calidad suficiente para usarlas como fondo de escritorio en un ordenador. También pueden grabar vídeos; los teléfonos más sofisticados graban en HD (alta definición), con tan buena calidad como la de la televisión. Algunos teléfonos inteligentes tienen una segunda cámara junto a la pantalla principal, lo que permite hacer llamadas de vídeo y ver a la otra persona mientras se habla.

Cuando haces una foto, puedes compartirla con tus amigos a través de un mensaje de texto o un correo electrónico. También puedes utilizar un servicio de Internet para compartir fotos gratis.

Para que parte de una foto aparezca más grande en la pantalla, solo tienes que tocarla presionando con los dedos índice y pulgar, y, luego, separarlos sin dejar de presionar hasta agrandar la imagen.

De cerca

Lista de fotos

Los cables de fibra óptica se instalan bajo las calles

Página web

Página web

Un entramado de redes inalámbricas y por satélite, cables y cableado subterráneo nos conecta a los sitios web que aparecen en nuestras pantallas en cuestión de segundos.

Los cables de fibra óptica se colocan bajo el lecho marino.

Algunos lugares están tan lejos que utilizan satélites para conectarse a Internet.

Antena móvil

Por una pequeña cuota mensual, un proveedor de servicios te conecta a Internet para que puedas navegar por sitios web de todo el mundo.

Proveedor de servicios de Internet

Router inalámbrico

Donde no hay una conexión por cable o inalámbrica disponible, tu smartphone puede utilizar la red de antenas móviles para conectarse a Internet.

HACER CONEXIONES

1 CONEXIÓN A INTERNET

Cuando estás en casa, el teléfono móvil y la tableta suelen conectarse a Internet utilizando la misma red inalámbrica que el ordenador, la consola de videojuegos o la televisión. Cuando no hay conexión inalámbrica disponible, utilizan una red de telefonía móvil (también llamada **red celular**) para que puedas hacer llamadas y enviar mensajes de texto. No es tan rápida como una conexión inalámbrica, pero funciona bien si estás cerca de una antena de telefonía móvil.

2 MENSAJES DE TEXTO Y LLAMADAS

Siempre que haces una llamada o envías un mensaje, estos se convierten en una señal eléctrica. La señal es transmitida a una antena de telefonía móvil cercana, y esta, a la antena más próxima a la persona con la que tratas de comunicarte; desde allí, se envía hasta el teléfono de dicha persona, que recibe la señal. Después, la señal se transforma de nuevo en el sonido de tu voz o en el mensaje que escribiste.

3 CORREOS ELECTRÓNICOS

Al igual que un ordenador, un *smartphone* puede enviar y recibir correos electrónicos. Puedes configurarlo para que reproduzca un sonido o vibre cada vez que te llega uno nuevo. También mostrará un numerito en algún lugar de la pantalla principal que señala los mensajes que has recibido y no has leído todavía.

Correos en tu smartphone

TELÉFONO MÓVIL

Millones de personas utilizan *smartphones*. Estos increíbles móviles (que se conectan a Internet y ejecutan pequeños programas llamados **aplicaciones -apps-**, que te permiten jugar, tomar fotos y grabar vídeos, por ejemplo) son ahora uno de los dispositivos electrónicos más importantes del planeta. Pero ¿cómo funcionan y qué se puede hacer con ellos?

1 SISTEMA OPERATIVO

Todos los teléfonos inteligentes utilizan un **sistema operativo.** Este controla todas las partes del móvil –por ejemplo, la **pantalla táctil**, la memoria donde se almacena todo y el procesador (el «cerebro» del teléfono)– y se asegura de que trabajan en armonía con las aplicaciones que utilizas todos los días. El sistema operativo también controla todos los componentes electrónicos del teléfono, por lo que sabe que debe empezar a cargar cuando se conecta a la red eléctrica o desactivar el altavoz al conectar los auriculares.

2 BATERÍA

Los primeros teléfonos móviles tenían baterías que muchas veces eran más grandes que el propio teléfono. A menudo, el teléfono estaba sujeto a la parte superior de la batería, que tenía una gran asa para transportarla, ¡como si fuera un maletín! Las baterías modernas son pequeñas, se recargan en un par de horas y duran todo el día.

3 PUERTO USB

Los teléfonos actuales tienen una toma de conexión o puerto universal en serie (en inglés, USB) que permite recargar la batería del teléfono o transferir datos. Así, cuando tienes que cargar el móvil, todo lo que haces es conectar su puerto USB a un enchufe. También puedes conectarlo directamente a tu ordenador e intercambiar la información que tienes en ambos aparatos, como fotos o música.

Conector de sonido

Botón de control del volumen

Icono de aplicación (búsqueda)

Micrófono

Puerto USB

Cable USB

Batería

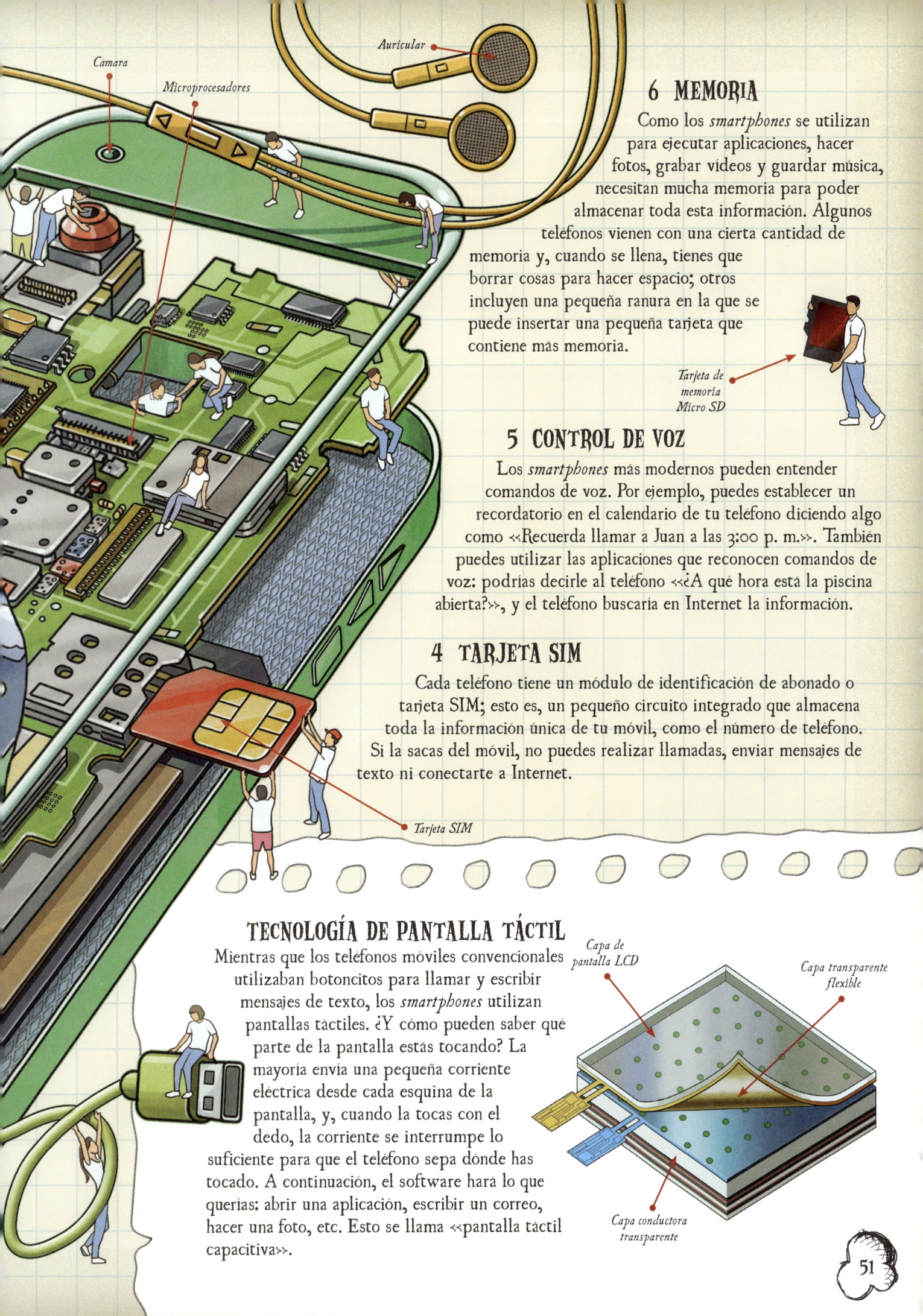

Cámara

Microprocesadores

Auricular

6 MEMORIA

Como los *smartphones* se utilizan para ejecutar aplicaciones, hacer fotos, grabar vídeos y guardar música, necesitan mucha memoria para poder almacenar toda esta información. Algunos teléfonos vienen con una cierta cantidad de memoria y, cuando se llena, tienes que borrar cosas para hacer espacio; otros incluyen una pequeña ranura en la que se puede insertar una pequeña tarjeta que contiene más memoria.

Tarjeta de
memoria
Micro SD

5 CONTROL DE VOZ

Los *smartphones* más modernos pueden entender comandos de voz. Por ejemplo, puedes establecer un recordatorio en el calendario de tu teléfono diciendo algo como «Recuerda llamar a Juan a las 3:00 p. m.». También puedes utilizar las aplicaciones que reconocen comandos de voz: podrías decirle al teléfono «¿A qué hora está la piscina abierta?», y el teléfono buscaría en Internet la información.

4 TARJETA SIM

Cada teléfono tiene un módulo de identificación de abonado o tarjeta SIM; esto es, un pequeño circuito integrado que almacena toda la información única de tu móvil, como el número de teléfono. Si la sacas del móvil, no puedes realizar llamadas, enviar mensajes de texto ni conectarte a Internet.

Tarjeta SIM

TECNOLOGÍA DE PANTALLA TÁCTIL

Mientras que los teléfonos móviles convencionales utilizaban botoncitos para llamar y escribir mensajes de texto, los *smartphones* utilizan pantallas táctiles. ¿Y cómo pueden saber qué parte de la pantalla estás tocando? La mayoría envía una pequeña corriente eléctrica desde cada esquina de la pantalla, y, cuando la tocas con el dedo, la corriente se interrumpe lo suficiente para que el teléfono sepa dónde has tocado. A continuación, el software hará lo que querías: abrir una aplicación, escribir un correo, hacer una foto, etc. Esto se llama «pantalla táctil capacitiva».

Capa de
pantalla LCD

Capa transparente
flexible

Capa conductora
transparente

7 SUBIR VÍDEOS

Es fácil compartir tus vídeos subiéndolos a Internet. El teléfono normalmente comprime el vídeo de forma automática para hacerlo más pequeño, lo que a su vez permite que sea más rápido cargarlo y visualizarlo.

8 GPS

Algunas aplicaciones utilizan los servicios de localización del teléfono para determinar exactamente dónde te encuentras. Esto les permite indicarte cómo llegar a un sitio a pie o en coche, o dónde encontrar un cine o restaurante cerca de donde tú estés.

Los servicios para compartir vídeos son generalmente gratuitos, pero pueden pedirte que configures una cuenta antes de empezar a usarlos. Al igual que muchos otros servicios, has de tener la edad suficiente para poder participar.

Puedes activar o desactivar los servicios de ubicación cuando quieras.

JUEGOS

Existen miles de juegos disponibles para jugar con la tableta. Muchos son gratuitos, aunque los de pago tampoco cuestan mucho. Los hay que están especialmente diseñados para tableta, para que así se puedan utilizar sus características especiales: por ejemplo, conducir un coche moviendo la tableta en el aire o deslizar el dedo por la pantalla para mover un personaje o lanzar algo. Muchos de los juegos estrella para ordenadores y consolas han sido reconfigurados para funcionar en tabletas.

La diversión te acompaña dondequiera que estés.

CINE MÓVIL

Las tabletas tienen brillantes pantallas de alta inición que las hacen perfectas para ver películas: a cama, en el sofá o en los viajes largos en he. Existen multitud de servicios de Internet te permiten ver películas y programas de visión por una cuota mensual, y hay también aformas de vídeo gratuitas que contienen lones de vídeos.

6 MÚSICA

El móvil también se puede usar para escuchar música, ya sea a través de auriculares o conectado a un altavoz externo. Puedes comprar música para descargar en el teléfono o escucharla directamente a través de Internet. También se puede utilizar para hacer música; existen diferentes aplicaciones de guitarra, batería y teclado para el teléfono que suenan tan bien como los auténticos. Puedes utilizarlos para crear tus tonos de móvil o grabar melodías y canciones propias.

El móvil puede ejecutar aplicaciones que suenan igual que instrumentos musicales de verdad. ¡Mucho mejor con auriculares!

TABLETAS

Una tableta es básicamente un gran *smartphone*. Se puede conectar a Internet a través de una red inalámbrica (la de tu casa o una pública), y algunas pueden utilizar la red de telefonía móvil si estás fuera de casa. Su gran pantalla las hace más útiles para actividades como leer libros, revistas electrónicas y cómics, o ver programas de televisión, películas y vídeos de Internet. También son mejores para hacer los deberes o practicar habilidades con el piano. ¡El tamaño extra de la pantalla marca la diferencia!

Al igual que con los móviles, utilizas un dedo para deslizar la pantalla arriba y abajo o de lado a lado, y presionas para seleccionar una aplicación. Las tabletas también saben si las estás sosteniendo en posición vertical u horizontal; la mayoría de las aplicaciones se ajustarán automáticamente y mostrarán la posición correcta.

TOSTADORA

Para los amantes del pan tostado, esta es una de las máquinas más importantes que se han inventado: tuesta el pan a la perfección y se apaga automáticamente cuando las rebanadas están listas. Esta tostadora, cortada por la mitad, contiene la respuesta a una de las preguntas más acuciantes que se hace cualquier entusiasta de las tostadas: ¿cómo sabe la tostadora cuándo está lista la tostada? La respuesta se encuentra en un pequeño dispositivo llamado lámina bimetálica, que responde al calor cambiando de forma. La lámina está preparada para soltar la rebanada en el momento justo, haciéndola saltar y evitando que se queme.

1 PASO AL CALOR

El pan se tuesta gracias a unos componentes eléctricos que están sujetos a una placa resistente al calor. Esta placa evita que la carcasa se caliente reflejando el calor de vuelta a la tostada.

6 ¡YA!

Cuando se mete el pan en la tostadora y se empuja la palanca hacia abajo, se estiran un par de muelles metálicos. Esto hace que la palanca quede enganchada a una barra de metal, y el pan se mantiene en su posición. Cuando la rebanada está lista, la barra de metal se libera, los muelles se contraen y la tostada sale disparada.

5 LISTOS...

Algunas tostadoras constan de un temporizador en lugar de una lámina bimetálica. Cuando el cronómetro llega a cero, se enciende un interruptor que activa el electroimán. (Para saber más sobre electroimanes, ver página ro).

4 PREPARADOS...

Cuando la electricidad fluye a través de los cables de la tostadora, se produce un potente campo magnético. Este campo atrae un cierre metálico y, cuando este cierre se mueve, se libera la palanca que sujeta la tostada.

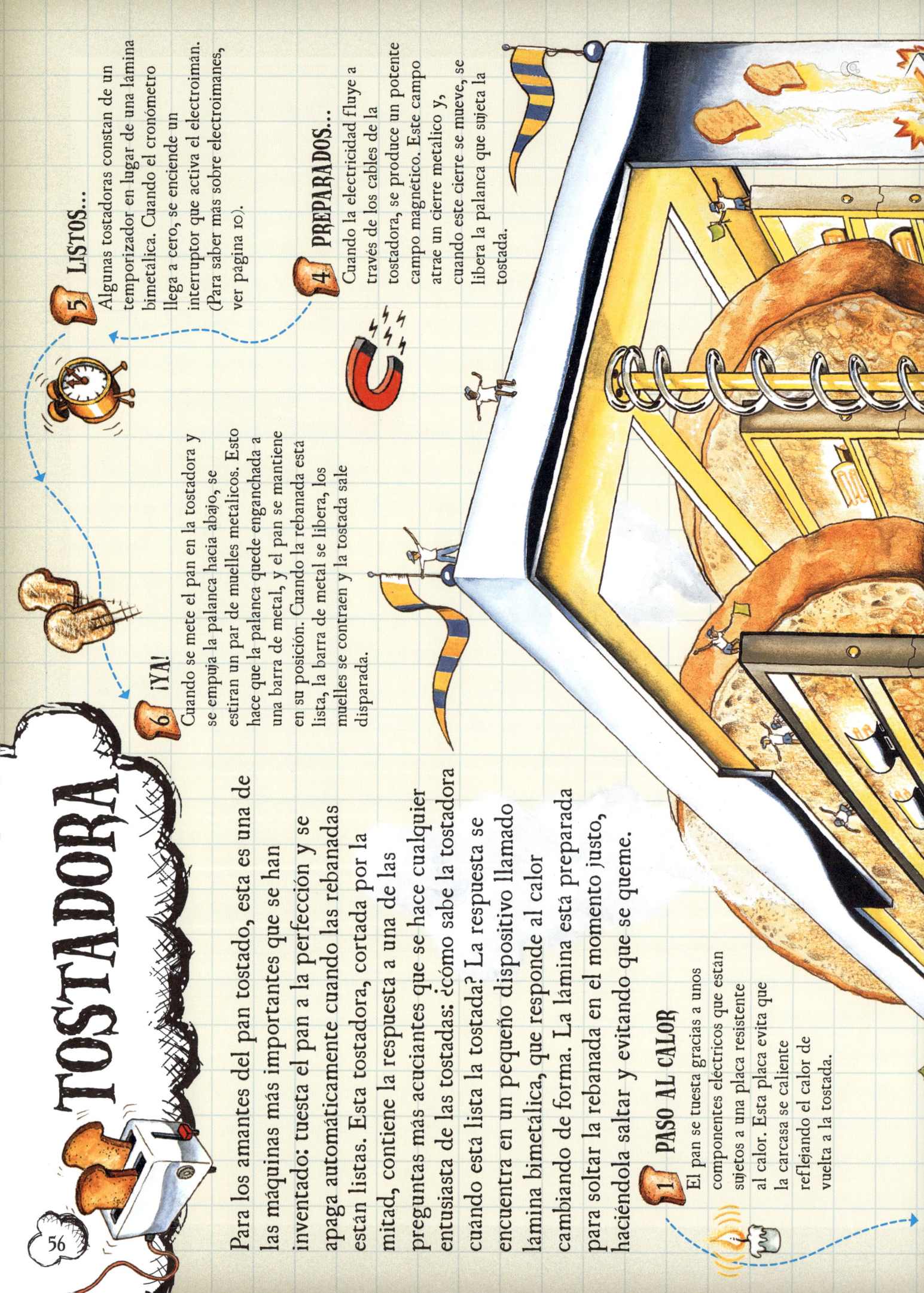

La palanca estira el muelle cuando se tira de ella hacia abajo.

Control de tostado

3 **A TU GUSTO**

El control de tueste ajusta la distancia entre la lamina bimetalica y el contacto de metal. Cuanto mayor sea esta distancia, más tiene que doblarse la lamina y más dorada quedara la tostada.

Varilla de ajuste del tostado

Un sistema de sujeción mecanico impide que el muelle se contraiga. Es liberado con el electroiman.

Electroiman

Una barra de metal mantiene el pan abajo hasta que las rebanadas se liberan.

Un potente muelle hace bajar el pan cuando la palanca bacia abajo.

Los componentes electricos se ponen al rojo vivo cuando la electricidad pasa a través de ellos.

La lamina bimetalica se dobla a medida que se expande; cuando toca el contacto electrico, se completa el circuito.

2 **DOBLADA POR EL CALOR**

La pequeña lamina bimetalica es una parte vital de la tostadora. Esta formada por dos metales diferentes intercalados. Cuando el tostador se calienta, uno de los metales se expande mas que el otro y hace que la lamina se doble. Finalmente, se dobla tanto que toca un contacto eléctrico. Esto permite que la corriente fluya en los cables del electroiman, lo que a su vez activa la liberación de la tostada.

DETECTOR DE HUMO

Del mismo modo que no hay humo sin fuego, rara vez hay un fuego sin humo. Debido a que el humo se propaga muy rápidamente, a menudo es la primera señal de que se ha provocado un incendio.

El humo interrumpe el flujo de la corriente eléctrica.

*Unos cables transmiten el cambio en la corriente eléctrica al **microprocesador**.*

La corriente eléctrica atraviesa el espacio entre las dos placas.

Unidad detectora

La nariz humana es capaz de detectar el humo, pero solo cuando está lo bastante cerca. Entonces, ¿qué pasa si un incendio comienza al otro lado de una puerta cerrada, o si todo el mundo está dormido, o si tienes un resfriado y no puedes oler el humo? En estos casos es cuando un detector viene muy bien: tan pronto como percibe el humo, una alarma se activa y suena en toda la casa.

La alarma suena.

Microprocesador

4 SALTA LA ALARMA

La alarma del detector de humo contiene una delgada lámina metálica. Cuando el microprocesador recibe el mensaje de que hay humo, se enciende una corriente eléctrica que hace que la lámina vibre rápidamente. El resultado es un sonido estridente.

3 CAMBIO EN LA CORRIENTE

El microprocesador controla el nivel de corriente eléctrica que discurre entre las placas. Cuando el humo entra en la unidad detectora, absorbe parte de la radiación emitida por la pastilla de metal. Como resultado, el aire se vuelve menos ionizado y se debilita la corriente. Cuando esto sucede, el microprocesador detecta el cambio y, de inmediato, se activa la alarma.

1 UNIDAD DETECTORA

La unidad detectora consiste en dos placas de metal separadas a unos 2,5 centímetros de distancia y conectadas a una batería. El aire entre las placas se **ioniza** (se carga eléctricamente) por una corriente de **radiación** débil, y esto hace posible que una pequeña corriente eléctrica discurra entre las placas. Mientras la corriente permanece constante, el detector está en silencio. Pero tan pronto como el humo irrumpe entre las placas e interrumpe la corriente, se dispara la alarma.

En esta imagen, las dos placas de metal se muestran como dos torres de cinco pisos, y la corriente se representa como rayos de luz que atraviesan el espacio entre las torres.

2 EL AIRE SE CARGA

La unidad detectora contiene una pequeña pastilla de metal ligeramente **radiactiva**. Esta pastilla emite un flujo constante de pequeñas partículas en el aire circundante. Cuando las partículas chocan con moléculas de aire, se cargan o ionizan. Debido a que los iones conducen la electricidad, una pequeña corriente —generada por una batería— es capaz de circular entre las placas.

IMPRESORA 3D

En lugar de tener que ir a una tienda cada vez que necesitas algo (como una taza, por ejemplo), imagina que pudieras introducir un plano en el ordenador, hacer algunos cambios y, a continuación, construir la taza tú mismo. Pues bien, eso es exactamente lo que puedes hacer con una impresora 3D.

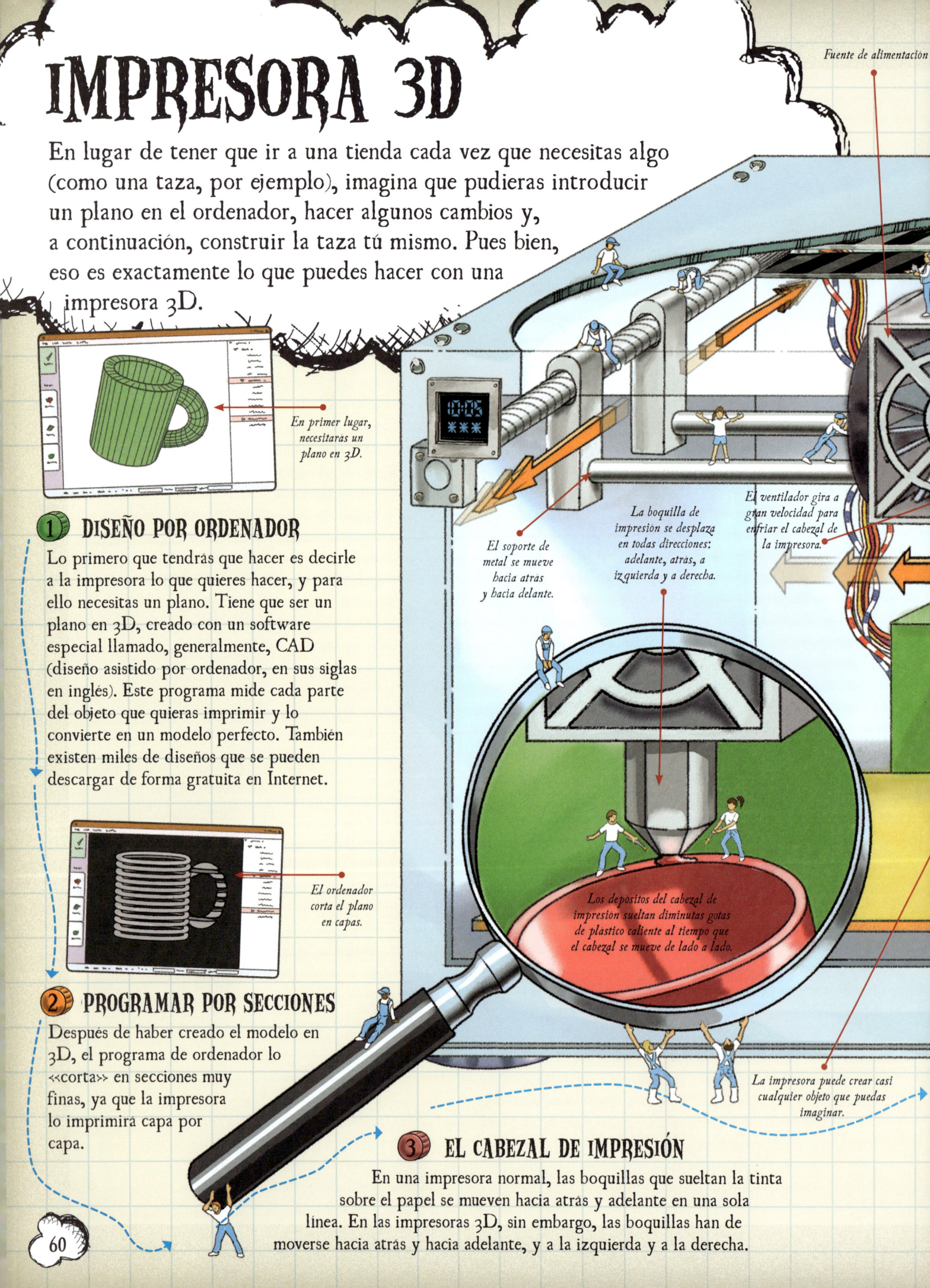

Fuente de alimentación

En primer lugar, necesitarás un plano en 3D.

1 DISEÑO POR ORDENADOR

Lo primero que tendrás que hacer es decirle a la impresora lo que quieres hacer, y para ello necesitas un plano. Tiene que ser un plano en 3D, creado con un software especial llamado, generalmente, CAD (diseño asistido por ordenador, en sus siglas en inglés). Este programa mide cada parte del objeto que quieras imprimir y lo convierte en un modelo perfecto. También existen miles de diseños que se pueden descargar de forma gratuita en Internet.

El soporte de metal se mueve hacia atrás y hacia delante.

La boquilla de impresión se desplaza en todas direcciones: adelante, atrás, a izquierda y a derecha.

El ventilador gira a gran velocidad para enfriar el cabezal de la impresora.

El ordenador corta el plano en capas.

Los depositos del cabezal de impresión sueltan diminutas gotas de plastico caliente al tiempo que el cabezal se mueve de lado a lado.

2 PROGRAMAR POR SECCIONES

Después de haber creado el modelo en 3D, el programa de ordenador lo «corta» en secciones muy finas, ya que la impresora lo imprimirá capa por capa.

La impresora puede crear casi cualquier objeto que puedas imaginar.

3 EL CABEZAL DE IMPRESIÓN

En una impresora normal, las boquillas que sueltan la tinta sobre el papel se mueven hacia atrás y adelante en una sola línea. En las impresoras 3D, sin embargo, las boquillas han de moverse hacia atrás y hacia adelante, y a la izquierda y a la derecha.

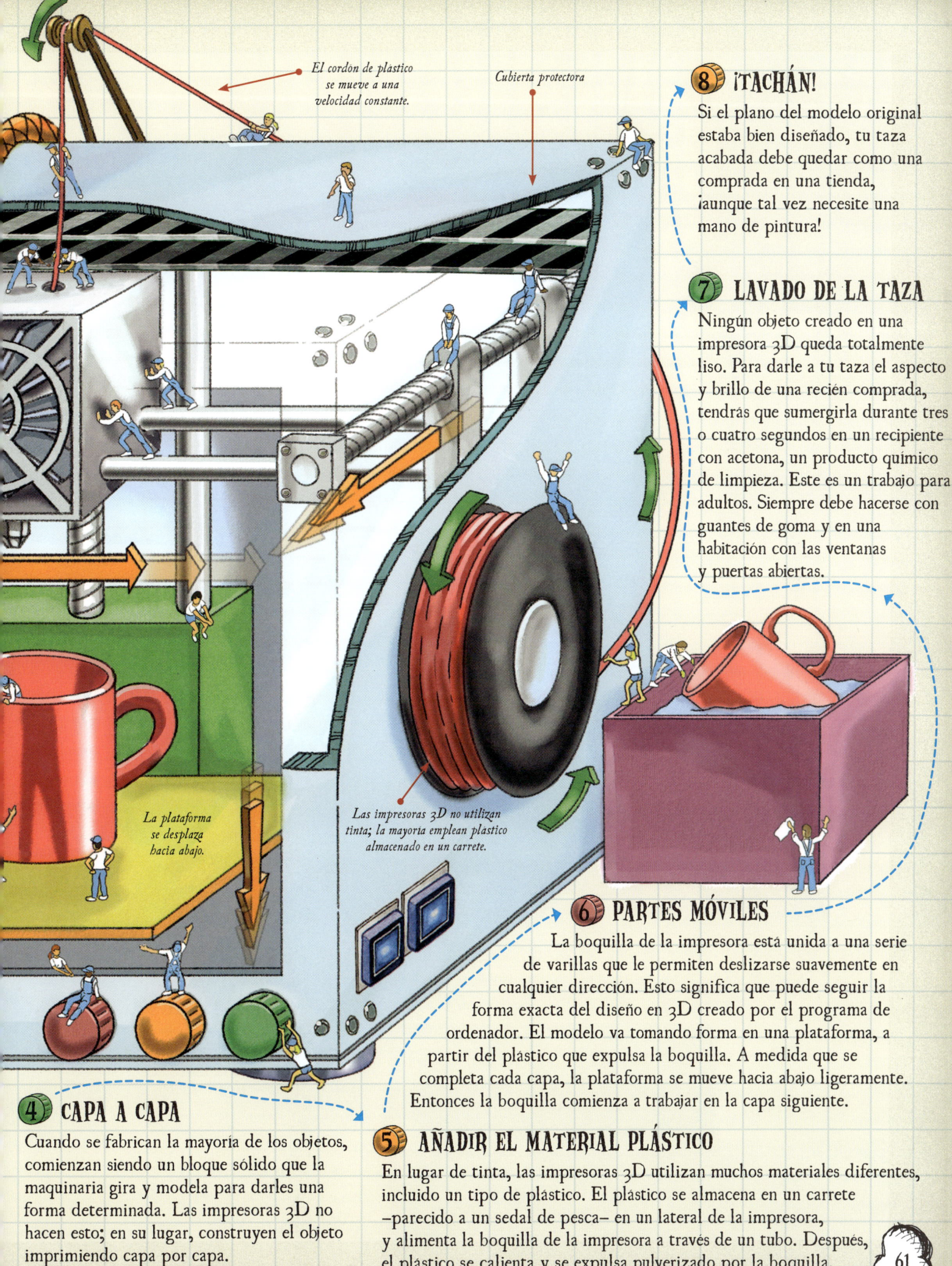

El cordón de plástico se mueve a una velocidad constante.

Cubierta protectora

8 ¡TACHÁN!

Si el plano del modelo original estaba bien diseñado, tu taza acabada debe quedar como una comprada en una tienda, ¡aunque tal vez necesite una mano de pintura!

7 LAVADO DE LA TAZA

Ningún objeto creado en una impresora 3D queda totalmente liso. Para darle a tu taza el aspecto y brillo de una recién comprada, tendrás que sumergirla durante tres o cuatro segundos en un recipiente con acetona, un producto químico de limpieza. Este es un trabajo para adultos. Siempre debe hacerse con guantes de goma y en una habitación con las ventanas y puertas abiertas.

La plataforma se desplaza hacia abajo.

Las impresoras 3D no utilizan tinta; la mayoría emplean plástico almacenado en un carrete.

6 PARTES MÓVILES

La boquilla de la impresora está unida a una serie de varillas que le permiten deslizarse suavemente en cualquier dirección. Esto significa que puede seguir la forma exacta del diseño en 3D creado por el programa de ordenador. El modelo va tomando forma en una plataforma, a partir del plástico que expulsa la boquilla. A medida que se completa cada capa, la plataforma se mueve hacia abajo ligeramente. Entonces la boquilla comienza a trabajar en la capa siguiente.

4 CAPA A CAPA

Cuando se fabrican la mayoría de los objetos, comienzan siendo un bloque sólido que la maquinaria gira y modela para darles una forma determinada. Las impresoras 3D no hacen esto; en su lugar, construyen el objeto imprimiendo capa por capa.

5 AÑADIR EL MATERIAL PLÁSTICO

En lugar de tinta, las impresoras 3D utilizan muchos materiales diferentes, incluido un tipo de plástico. El plástico se almacena en un carrete –parecido a un sedal de pesca– en un lateral de la impresora, y alimenta la boquilla de la impresora a través de un tubo. Después, el plástico se calienta y se expulsa pulverizado por la boquilla.

PRONÓSTICO DEL TIEMPO

Si quieres saber si mañana será un día soleado o lluvioso, puedes ver el pronóstico del tiempo en televisión. Pero ¿cómo saben los meteorólogos qué tiempo hará? Lo averiguan observando el tiempo atmosférico en todo el mundo y haciendo después una previsión de cómo va a evolucionar y cambiar en los días siguientes.

Globo meteorológico

Las nubes están formadas por pequeñas gotas de agua que pueden caer en forma de lluvia.

¿Cuánto viento hace?

¿Cuánta humedad hay?

¿Hace calor?

¿Cuánto llueve?

Radiotransmisor

Estación meteorológica

Oficina meteorológica

2 EN EL AIRE

Los meteorólogos necesitan saber lo que pasa tanto en el cielo como en el suelo. Todos los días, cientos de globos meteorológicos se elevan a 32 kilómetros de altura para recoger datos. Estos globos están equipados con instrumentos que miden las condiciones meteorológicas y transmiten automáticamente los resultados a la base.

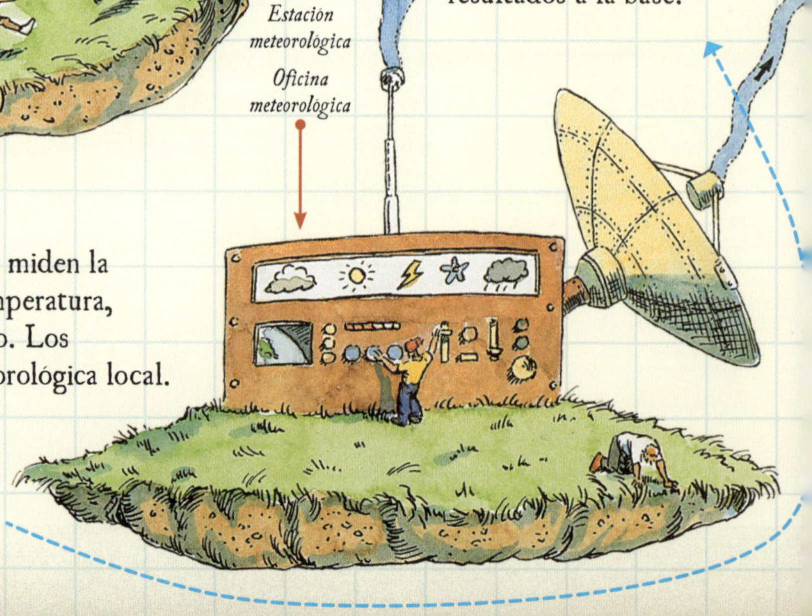

1 RECOGIDA DE DATOS

Por todo el mundo hay estaciones meteorológicas que miden la humedad del aire, la presión (lo denso que es), la temperatura, la cantidad de lluvia que cae y la velocidad del viento. Los resultados son enviados por radio a una oficina meteorológica local. La oficina recoge los datos de los globos, **satélites** y estaciones meteorológicas locales, y transmite esta información a otro satélite.

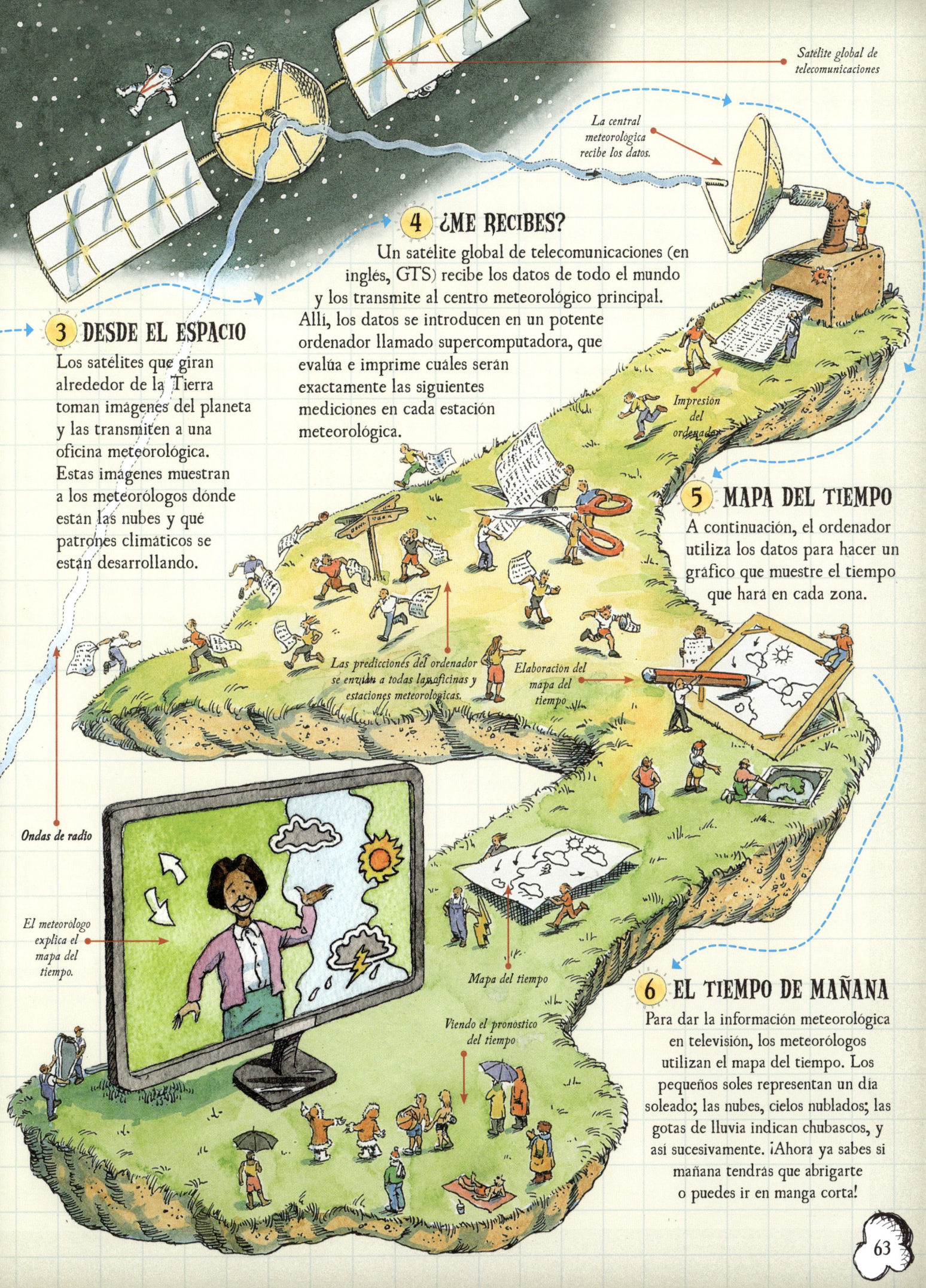

Satélite global de telecomunicaciones

La central meteorológica recibe los datos.

4 ¿ME RECIBES?

Un satélite global de telecomunicaciones (en inglés, GTS) recibe los datos de todo el mundo y los transmite al centro meteorológico principal. Allí, los datos se introducen en un potente ordenador llamado supercomputadora, que evalúa e imprime cuáles serán exactamente las siguientes mediciones en cada estación meteorológica.

3 DESDE EL ESPACIO

Los satélites que giran alrededor de la Tierra toman imágenes del planeta y las transmiten a una oficina meteorológica. Estas imágenes muestran a los meteorólogos dónde están las nubes y qué patrones climáticos se están desarrollando.

Impresión del ordenador

5 MAPA DEL TIEMPO

A continuación, el ordenador utiliza los datos para hacer un gráfico que muestre el tiempo que hará en cada zona.

Las predicciones del ordenador se envían a todas las oficinas y estaciones meteorológicas.

Elaboración del mapa del tiempo

Ondas de radio

El meteorólogo explica el mapa del tiempo.

Mapa del tiempo

Viendo el pronóstico del tiempo

6 EL TIEMPO DE MAÑANA

Para dar la información meteorológica en televisión, los meteorólogos utilizan el mapa del tiempo. Los pequeños soles representan un día soleado; las nubes, cielos nublados; las gotas de lluvia indican chubascos, y así sucesivamente. ¡Ahora ya sabes si mañana tendrás que abrigarte o puedes ir en manga corta!

TELEVISOR

¿Cómo puedes visitar Marte, ver un partido de tu equipo favorito o alucinar con la vida salvaje sin levantarte siquiera del sofá? ¡Pues gracias a la televisión! Pero ¿cuál es su secreto?

Cámara

Micrófono

Estudio

1 LA IMAGEN

Cuando una cámara de televisión filma imágenes, filas de diminutas **células fotoeléctricas** dentro de la cámara transforman las imágenes en señales eléctricas o *blips*.

Señal de imagen

Las cámaras graban solo en tres colores: rojo, verde y azul.

2 ¡ESCUCHA!

Un **micrófono** graba el sonido. Como en el caso de las imágenes, el sonido se graba como un patrón de señales eléctricas.

3 ¿EN DIRECTO O EN DIFERIDO?

Los telediarios y eventos deportivos se emiten «en directo», mientras están ocurriendo. Las series y películas se graban y son emitidas más adelante.

4 DE SEÑALES A ONDAS

Las señales de imagen y sonido se envían a un **transmisor** de televisión. Unos potentes imanes convierten los *blips* en unas ondas invisibles de energía llamadas ondas de radio.

Cambio de señales eléctricas a ondas de radio

5 RADIODIFUSIÓN

El envío de imágenes de televisión y sonido se llama radiodifusión. Las ondas de radio se propagan por el aire desde el transmisor. Los programas de televisión también se pueden enviar como *blips* eléctricos a través de cables.

7 CAPTAR LA SEÑAL

Una antena capta las señales emitidas directamente desde el canal de televisión, mientras que las señales reenviadas por satélites en el espacio son recogidas por un receptor en forma de plato.

6 TV DESDE EL ESPACIO

A veces los programas de televisión tienen que ser transmitidos a lugares lejanos, incluso en el otro lado del mundo. Cuando esto sucede, la señal de televisión tiene que ser reenviada desde un satélite de comunicaciones en órbita sobre la Tierra.

Onda de radio

8 BLIPS OTRA VEZ

El receptor y la antena transforman las ondas de radio de nuevo en señales eléctricas, y estas van directamente a tu televisor.

9 ¡MENUDO ESPECTÁCULO!

El **altavoz** del televisor reproduce el sonido. Unos cañones especiales de electrones en la parte posterior del televisor lanzan rayos a la pantalla y hacen brillar pequeños puntos de color azul, verde y rojo. A cierta distancia, parecen una imagen a todo color.

TODO APRETADO

Antes del lanzamiento, los satélites se ponen a prueba en unas máquinas especiales que los sacuden violentamente para ver si pueden soportar el ser lanzados al espacio dentro de un cohete. Luego se montan en el interior del cohete con los paneles solares plegados para ahorrar espacio. Cuando el cohete alcanza la altitud correcta por encima de la Tierra y se encuentra en órbita, la carcasa alrededor del satélite se abre y cae. A partir de ahora, ¡el satélite viaja solo!

DESPLIEGUE DE LOS PANELES SOLARES

Una vez que el satélite está en órbita, los paneles solares se despliegan para poder captar los rayos solares y transformarlos en la energía que necesita para funcionar, a la vez que se despliegan también otros instrumentos. Los científicos prueban entonces los propulsores, las comunicaciones y otros controles de forma remota desde la Tierra.

Carcasa protectora

2. Una vez en órbita, unos cierres abren la carcasa protectora que rodea el motor de la fase superior y la carga útil, y las dos partes de la carcasa se desprenden.

1. La segunda fase impulsa el cohete fuera de la atmósfera de la Tierra.

SATÉLITE DE COMUNICACIONES AVANZADAS

El Satélite de Tecnología de Comunicaciones Avanzadas de la NASA (en inglés, ACTS) fue lanzado en 1993. Equipado con herramientas de alta tecnología, era capaz de enviar datos electrónicos (imágenes, vídeo y audio) a los lugares más remotos del planeta en cuestión de segundos. ACTS ahora ha sido retirado por la NASA y se utiliza para la enseñanza.

INSTALACIÓN DE UN SATÉLITE

Existen más de mil satélites que orbitan alrededor de la Tierra cumpliendo diversas funciones. Algunos están ahí para ayudarnos a ver la televisión, otros proporcionan la señal GPS a nuestros coches, algunos nos permiten hablar con personas de lugares lejanos y otros recogen datos para el pronóstico del tiempo. Una vez en órbita, comienza el trabajo del satélite.

TIPOS DE ÓRBITA

Existen distintos tipos de órbitas que un satélite puede hacer alrededor de la Tierra. He aquí tres ejemplos:

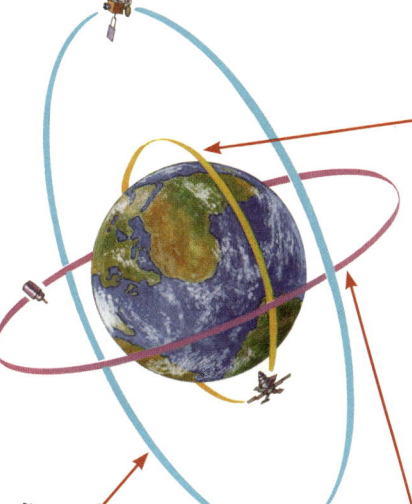

Los satélites con una órbita geoestacionaria siguen el ritmo de la Tierra en su rotación, por lo que completan una órbita cada 24 horas. Esto significa que siempre se mantienen sobre el mismo punto de la superficie terrestre. Todos los satélites geoestacionarios orbitan alrededor del Ecuador terrestre.

Los satélites con una órbita terrestre baja no cuestan mucho, ya que no se necesitan grandes esfuerzos para llevarlos a esa altitud y pueden usar transmisores de menor potencia, que son más económicos. La Estación Espacial Internacional está en órbita terrestre baja.

Los satélites con una órbita polar pasan sobre los polos Norte y Sur. Dado que la Tierra rota mientras los satélites completan su órbita, son muy útiles para hacer mapas de grandes áreas de la superficie terrestre; por ejemplo, para el seguimiento de las condiciones meteorológicas.

ÓRBITAS BAJA, MEDIA Y ALTA

La órbita de un satélite puede ser baja, media o alta. La órbita terrestre baja va de 160 a 2.000 kilómetros sobre la Tierra; la órbita media, de 2.000 a 35.000 kilómetros, y la órbita alta se sitúa por encima de los 35.000 kilómetros. El telescopio espacial Hubble se encuentra en una órbita terrestre baja y gira alrededor de la Tierra cada 90 minutos. Los satélites GPS (utilizados para la navegación) están en órbitas terrestres medias y dan una vuelta al planeta dos veces al día. Muchos satélites utilizados para monitorizar el tiempo atmosférico están en órbitas terrestres altas y giran alrededor de la Tierra una vez al día.

Satélite

5. Después, la fase superior cae a la Tierra y se quema al entrar en la atmósfera.

4. Una vez en la órbita correcta, el satélite y la fase superior se separan.

3. La fase superior está ahora flotando libremente y utiliza sus dos motores gemelos para impulsarse en la órbita correcta.

LANZAMIENTO ESPACIAL

No es fácil lanzar un satélite al espacio. Se necesita una gran fuerza de propulsión para enviar cualquier objeto fuera de la Tierra, tanto si es a la órbita terrestre baja (algo más de 160 kilómetros) o mucho más lejos. Además, no solo hay que tener en cuenta el peso del satélite, ¡también el del cohete que se utiliza para transportar el satélite y el peso del combustible necesario para el viaje!

1 MOTORES

La mayoría de los motores giran, pero los de los cohetes son diferentes: son motores a reacción. Imagínate que estuvieras de pie sobre un monopatín sosteniendo la manguera de un bombero de la que sale un fuerte chorro de agua. Cuando el agua saliera de la manguera, empujaría el monopatín en dirección opuesta (esto es la reacción). ¡Pueden hacer falta varios bomberos para sostener una manguera, porque la reacción es muy fuerte! Así es como funcionan los motores de los cohetes (aunque ellos utilizan combustible, no agua).

Motor principal

*En menos de un minuto, los motores utilizados para el lanzamiento se detienen y son **eyectados**.*

Cohetes aceleradores

Durante los primeros dos minutos de vuelo y antes de ser eyectados, los dos pares de cohetes aceleradores utilizan todo el combustible.

PROPULSIÓN DEL COHETE

Los motores a reacción funcionan mediante la mezcla de oxígeno y combustible, los cuales se queman para provocar la **propulsión**. Sin embargo, debido a que en el espacio no hay aire, los cohetes tienen que transportar su propio oxígeno en estado líquido dentro de un enorme tanque.

Hidrógeno líquido

Oxígeno líquido

A medida que la turbina gira, da energía a las turbobombas.

Las turbobombas bombean combustible y oxígeno desde sus respectivos tanques hasta la cámara de combustión.

Tubo de refrigeración

Un chorro de gases de escape calientes proporciona el empuje necesario para impulsar el cohete.

Dentro de la cámara de combustión la mezcla de combustible y oxígeno líquido se quema para producir gases supercalientes de alta velocidad.

2 LANZAMIENTO DEL COHETE

La mayoría de los cohetes se envían al espacio desde una plataforma de lanzamiento. Este bastidor gigante tiene dos propósitos. En primer lugar, permite a los ingenieros y técnicos llenar el cohete de combustible y comprobar el exterior en busca de cualquier problema. En segundo lugar, los cohetes necesitan un apoyo hasta que estén listos para el despegue. Están fijados al armazón mediante pernos especiales que contienen una pequeña carga explosiva. Cuando el cohete está preparado para despegar, se activan estas cargas, los pernos se rompen y el cohete es propulsado.

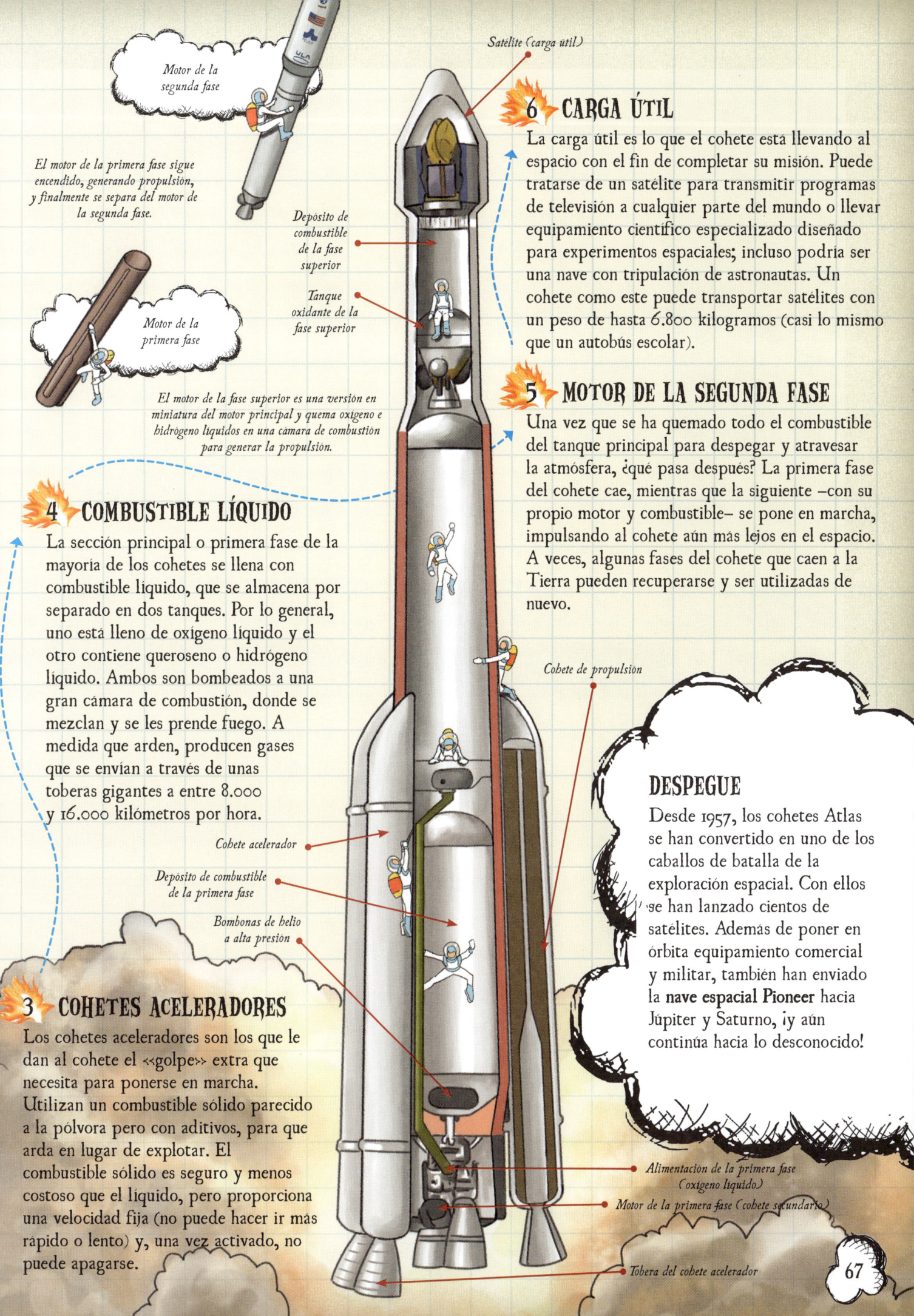

Motor de la segunda fase

El motor de la primera fase sigue encendido, generando propulsión, y finalmente se separa del motor de la segunda fase.

Motor de la primera fase

El motor de la fase superior es una versión en miniatura del motor principal y quema oxígeno e hidrógeno líquidos en una cámara de combustión para generar la propulsión.

Satélite (carga útil)

Depósito de combustible de la fase superior

Tanque oxidante de la fase superior

6 CARGA ÚTIL

La carga útil es lo que el cohete está llevando al espacio con el fin de completar su misión. Puede tratarse de un satélite para transmitir programas de televisión a cualquier parte del mundo o llevar equipamiento científico especializado diseñado para experimentos espaciales; incluso podría ser una nave con tripulación de astronautas. Un cohete como este puede transportar satélites con un peso de hasta 6.800 kilogramos (casi lo mismo que un autobús escolar).

5 MOTOR DE LA SEGUNDA FASE

Una vez que se ha quemado todo el combustible del tanque principal para despegar y atravesar la atmósfera, ¿qué pasa después? La primera fase del cohete cae, mientras que la siguiente –con su propio motor y combustible– se pone en marcha, impulsando al cohete aún más lejos en el espacio. A veces, algunas fases del cohete que caen a la Tierra pueden recuperarse y ser utilizadas de nuevo.

4 COMBUSTIBLE LÍQUIDO

La sección principal o primera fase de la mayoría de los cohetes se llena con combustible líquido, que se almacena por separado en dos tanques. Por lo general, uno está lleno de oxígeno líquido y el otro contiene queroseno o hidrógeno líquido. Ambos son bombeados a una gran cámara de combustión, donde se mezclan y se les prende fuego. A medida que arden, producen gases que se envían a través de unas toberas gigantes a entre 8.000 y 16.000 kilómetros por hora.

Cohete de propulsión

DESPEGUE

Desde 1957, los cohetes Atlas se han convertido en uno de los caballos de batalla de la exploración espacial. Con ellos se han lanzado cientos de satélites. Además de poner en órbita equipamiento comercial y militar, también han enviado la **nave espacial Pioneer** hacia Júpiter y Saturno, ¡y aún continúa hacia lo desconocido!

Cohete acelerador

Depósito de combustible de la primera fase

Bombonas de helio a alta presión

3 COHETES ACELERADORES

Los cohetes aceleradores son los que le dan al cohete el «golpe» extra que necesita para ponerse en marcha. Utilizan un combustible sólido parecido a la pólvora pero con aditivos, para que arda en lugar de explotar. El combustible sólido es seguro y menos costoso que el líquido, pero proporciona una velocidad fija (no puede hacer ir más rápido o lento) y, una vez activado, no puede apagarse.

Alimentación de la primera fase (oxígeno líquido)

Motor de la primera fase (cohete secundario)

Tobera del cohete acelerador

La antena transmisora puede moverse para dirigir las transmisiones a cualquier destino.

Los satélites en la órbita más alta utilizan una frecuencia de microondas cinco veces mayor que la utilizada por los satélites convencionales para transmisiones de enlace descendente.

El depósito de combustible contiene gas propelente para mantener el satélite en la posición correcta.

Esta estación terrestre utiliza una gran antena para transmitir señales de microondas. Gran parte de los datos sobre el terreno se envían en formato digital a través de cables eléctricos o de fibra óptica.

ANTENAS PARABÓLICAS

Para que un satélite pueda hacer su trabajo –ya sea predecir el tiempo, retransmitir una señal de televisión alrededor del mundo o ayudarte a llegar de un sitio a otro en coche–, necesita formar parte de una red de transmisores y receptores. Estas antenas gigantes, llamadas parabólicas, se comunican con satélites en órbita baja mediante ondas de radio, y alcanzan los de órbitas más altas usando microondas, que tienen una frecuencia mayor y son capaces de atravesar la atmósfera de la Tierra.

ESTACIÓN TERRESTRE

Las antenas parabólicas también se denominan estaciones terrestres. Por lo general, están conectadas a las redes nacionales de comunicaciones de una o dos maneras: o bien usan cables de fibra óptica que discurren bajo tierra o utilizan radioenlaces terrestres de microondas. Esta cadena entre transmisor–satélite–receptor es la columna vertebral de nuestro actual sistema de comunicaciones.

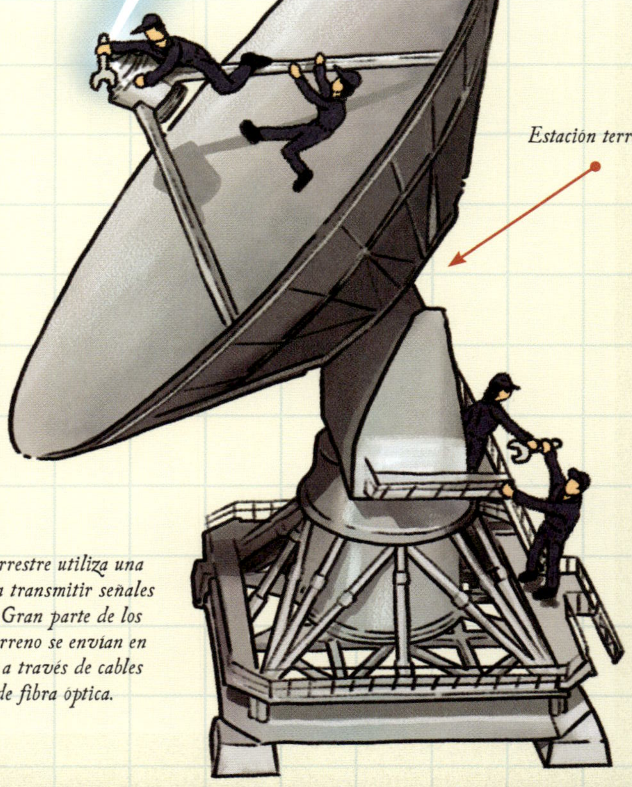

Las células fotovoltaicas de los paneles solares proporcionan energía eléctrica para los sistemas de comunicaciones.

El transpondedor del cuerpo principal del satélite aumenta las señales de microondas antes de dirigirlas a la antena de transmisión.

Las baterías almacenan la energía captada por los paneles solares.

Los propulsores ayudan a mantener el satélite en su órbita. Pueden moverse en cualquier dirección.

Las transmisiones a larga distancia se envían por todo el mundo a través de una red de satélites espaciales.

La antena receptora recoge señales de microondas.

MOTOR DE COCHE

Probablemente ves cientos de coches a diario (¡hay más de mil millones en el mundo!), pero ¿alguna vez te has parado a pensar en cómo funcionan y que tecnología utilizan? Aquí te mostramos el interior de una de las máquinas más populares y valoradas de todos los tiempos.

1 MOTOR DE CUATRO CILINDROS

Un motor de coche necesita aire y combustible para funcionar. Si mezclas ambos en un espacio pequeño y añades una chispa, producirás suficiente energía para mover arriba y abajo cuatro grupos de pistones. Estos pistones están conectados a una vara llamada cigüeñal, que, a su vez, gira un eje mucho más largo (eje de transmisión) que atraviesa el coche. A medida que los pistones suben y bajan, hacen girar el eje de transmisión.

3 CAJA DE CAMBIOS

La caja de cambios tiene dos funciones. La primera es conectar y desconectar el motor y las ruedas; ¡así puedes estar en un atasco sin que se mueva el coche! En segundo lugar, existe un límite en el número de veces que el motor del coche puede girar el cigüeñal por minuto, por lo que las marchas se utilizan para controlar esto y encontrar el justo equilibrio entre el número de veces que el motor gira y la velocidad a la que quieres que circule el coche. La caja de cambios está controlada por una palanca de cambios y un pedal llamado embrague. Para romper la conexión entre el motor y las ruedas, hay que pisar el embrague a fondo. A continuación, se cambia de marcha, se suelta el pedal, y el coche rodará con una nueva marcha.

2 EJE DE TRANSMISIÓN Y DIFERENCIAL

El eje de transmisión debe ser capaz de girar el eje trasero. Para ello utiliza un dispositivo de engranaje llamado diferencial, que también puede girar las ruedas traseras a diferentes velocidades, por lo que el coche es capaz de girar en ángulo sin problemas.

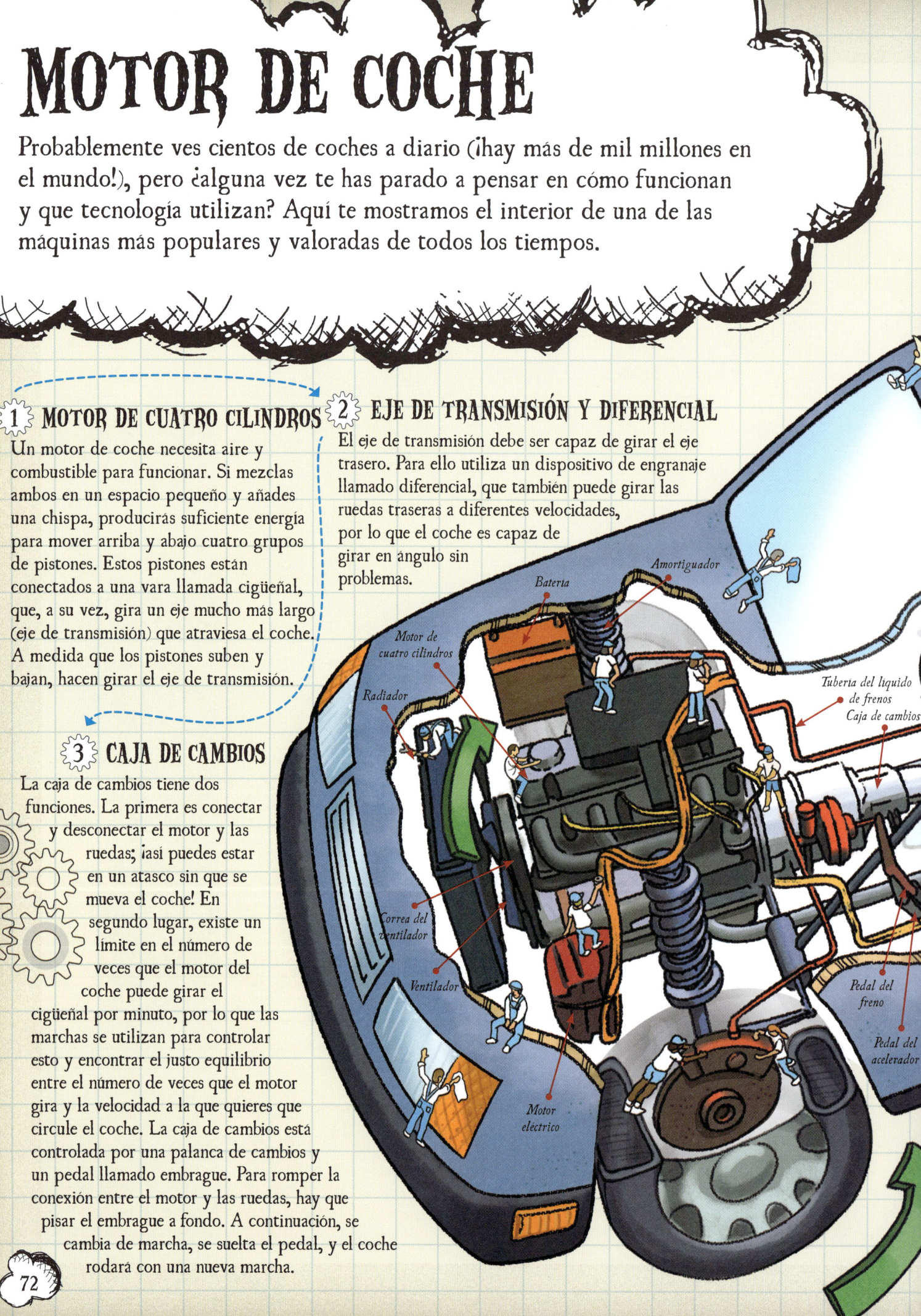

Batería

Amortiguador

Motor de cuatro cilindros

Radiador

Tubería del líquido de frenos
Caja de cambios

Correa del ventilador

Ventilador

Motor eléctrico

Pedal del freno

Pedal del acelerador

4 DEPÓSITO DE COMBUSTIBLE

Cuando repostas combustible, entra en un depósito y desde allí se bombea al motor. En algunos coches la bomba está en la parte delantera y funciona gracias al motor. En otros está en el depósito y funciona con la batería del coche.

5 BATERÍA HÍBRIDA

Algunos coches modernos utilizan dos motores: uno normal y otro eléctrico. El motor eléctrico se encuentra entre el motor y la batería híbrida, y convierte parte de la energía producida por el motor en electricidad, que se almacena en la batería híbrida. Al frenar, el motor eléctrico funciona al revés, por lo que ayuda a reducir la velocidad y genera más energía eléctrica para la batería.

6 TUBO DE ESCAPE Y CATALIZADOR

Una serie de tubos van desde el motor hasta la parte posterior del coche. Recogen todos los gases del motor y los llevan a un catalizador: una caja revestida con productos químicos. Esto ayuda a eliminar algunos de los gases nocivos, como el monóxido de carbono, antes de ser expulsados por el tubo de escape.

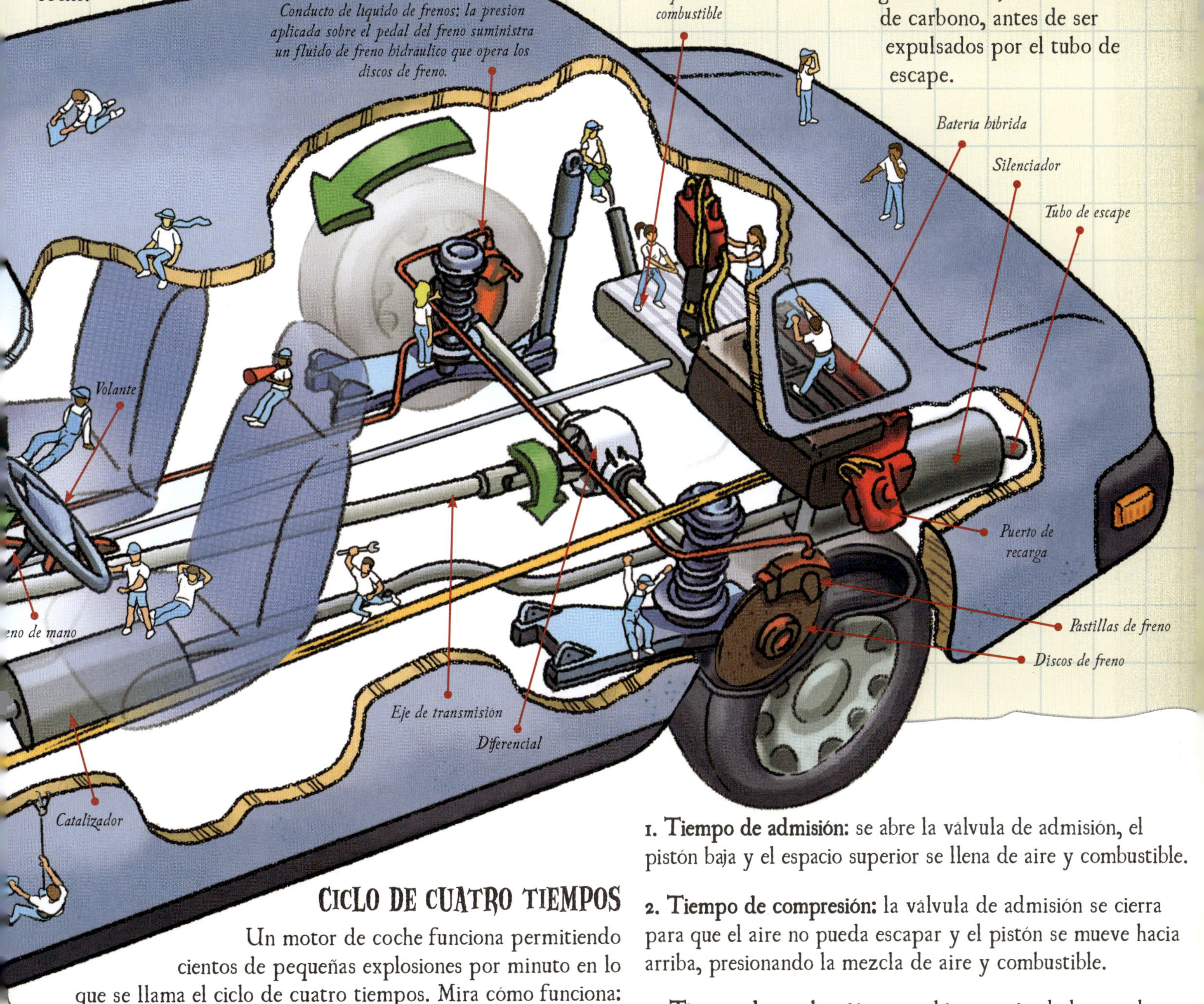

Conducto de líquido de frenos: la presión aplicada sobre el pedal del freno suministra un fluido de freno hidráulico que opera los discos de freno.

Depósito de combustible

Batería híbrida

Silenciador

Tubo de escape

Volante

Puerto de recarga

Eno de mano

Pastillas de freno

Discos de freno

Eje de transmisión

Diferencial

Catalizador

CICLO DE CUATRO TIEMPOS

Un motor de coche funciona permitiendo cientos de pequeñas explosiones por minuto en lo que se llama el ciclo de cuatro tiempos. Mira cómo funciona:

1. Tiempo de admisión: se abre la válvula de admisión, el pistón baja y el espacio superior se llena de aire y combustible.

2. Tiempo de compresión: la válvula de admisión se cierra para que el aire no pueda escapar y el pistón se mueve hacia arriba, presionando la mezcla de aire y combustible.

3. Tiempo de combustión: una chispa enciende la mezcla y provoca una pequeña explosión, lo que obliga a que el pistón baje.

4. Tiempo de escape: cuando el pistón llega al fondo, la válvula de salida se abre y los gases que quedan tras la explosión salen de la cámara. El pistón se desplaza de nuevo hacia arriba y el proceso comienza de nuevo.

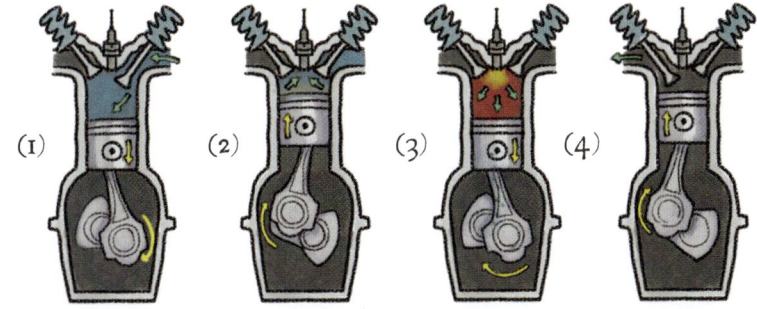

(1)   (2)   (3)   (4)

AVIÓN A REACCIÓN

Un avión a reacción a plena carga como este pesa alrededor de 24.500 kilogramos. ¿Cómo se conseguirá levantar todo este peso en el aire de forma segura y hacer que vaya donde se desee?

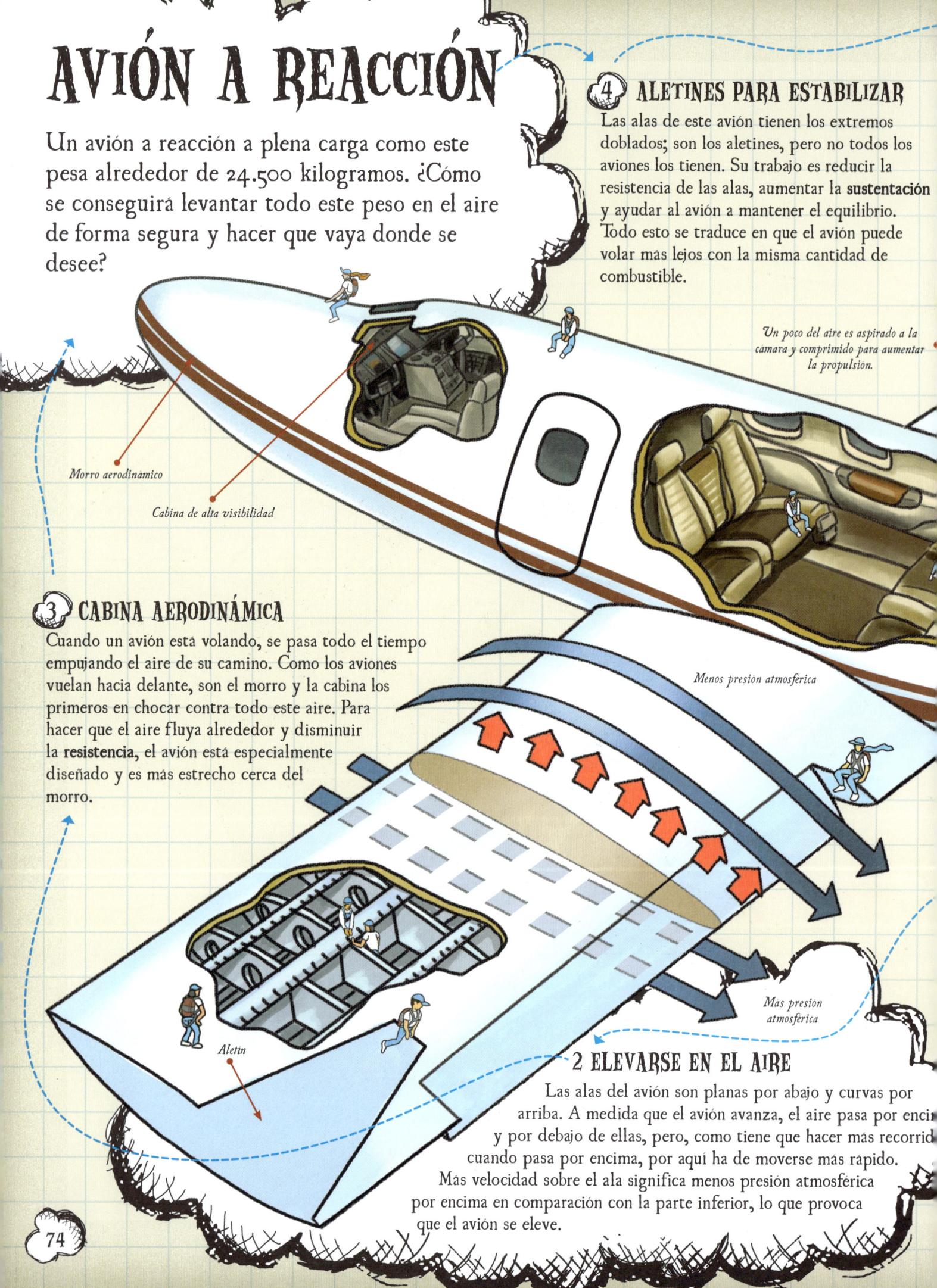

4 ALETINES PARA ESTABILIZAR

Las alas de este avión tienen los extremos doblados; son los aletines, pero no todos los aviones los tienen. Su trabajo es reducir la resistencia de las alas, aumentar la **sustentación** y ayudar al avión a mantener el equilibrio. Todo esto se traduce en que el avión puede volar más lejos con la misma cantidad de combustible.

Un poco del aire es aspirado a la cámara y comprimido para aumentar la propulsión.

Morro aerodinámico

Cabina de alta visibilidad

3 CABINA AERODINÁMICA

Cuando un avión está volando, se pasa todo el tiempo empujando el aire de su camino. Como los aviones vuelan hacia delante, son el morro y la cabina los primeros en chocar contra todo este aire. Para hacer que el aire fluya alrededor y disminuir la **resistencia**, el avión está especialmente diseñado y es más estrecho cerca del morro.

Menos presión atmosférica

Aletín

Más presión atmosférica

2 ELEVARSE EN EL AIRE

Las alas del avión son planas por abajo y curvas por arriba. A medida que el avión avanza, el aire pasa por encima y por debajo de ellas, pero, como tiene que hacer más recorrido cuando pasa por encima, por aquí ha de moverse más rápido. Más velocidad sobre el ala significa menos presión atmosférica por encima en comparación con la parte inferior, lo que provoca que el avión se eleve.

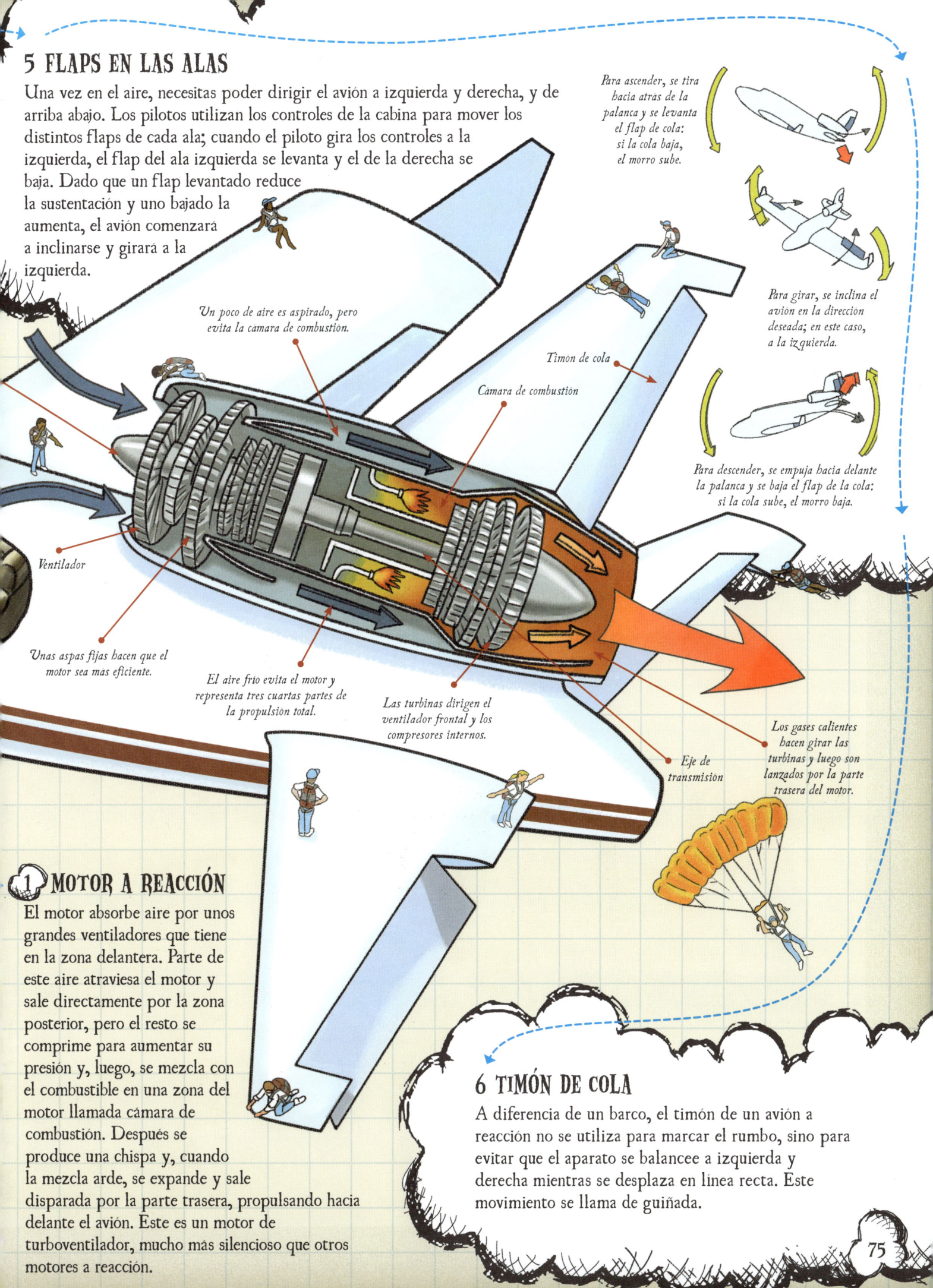

5 FLAPS EN LAS ALAS

Una vez en el aire, necesitas poder dirigir el avión a izquierda y derecha, y de arriba abajo. Los pilotos utilizan los controles de la cabina para mover los distintos flaps de cada ala; cuando el piloto gira los controles a la izquierda, el flap del ala izquierda se levanta y el de la derecha se baja. Dado que un flap levantado reduce la sustentación y uno bajado la aumenta, el avión comenzará a inclinarse y girará a la izquierda.

Para ascender, se tira hacia atrás de la palanca y se levanta el flap de cola: si la cola baja, el morro sube.

Para girar, se inclina el avión en la dirección deseada; en este caso, a la izquierda.

Para descender, se empuja hacia delante la palanca y se baja el flap de la cola: si la cola sube, el morro baja.

Un poco de aire es aspirado, pero evita la cámara de combustión.

Timón de cola

Cámara de combustión

Ventilador

Unas aspas fijas hacen que el motor sea más eficiente.

El aire frío evita el motor y representa tres cuartas partes de la propulsión total.

Las turbinas dirigen el ventilador frontal y los compresores internos.

Eje de transmisión

Los gases calientes hacen girar las turbinas y luego son lanzados por la parte trasera del motor.

1 MOTOR A REACCIÓN

El motor absorbe aire por unos grandes ventiladores que tiene en la zona delantera. Parte de este aire atraviesa el motor y sale directamente por la zona posterior, pero el resto se comprime para aumentar su presión y, luego, se mezcla con el combustible en una zona del motor llamada cámara de combustión. Después se produce una chispa y, cuando la mezcla arde, se expande y sale disparada por la parte trasera, propulsando hacia delante el avión. Este es un motor de turboventilador, mucho más silencioso que otros motores a reacción.

6 TIMÓN DE COLA

A diferencia de un barco, el timón de un avión a reacción no se utiliza para marcar el rumbo, sino para evitar que el aparato se balancee a izquierda y derecha mientras se desplaza en línea recta. Este movimiento se llama de guiñada.

75

SUMERGIBLE

Hay lugares en el océano tan profundos que, si colocaras allí el monte Everest, que mide 8.848 metros, ¡su cumbre seguiría estando a 1,6 kilómetros bajo el agua! Explorar estas oscuras y misteriosas profundidades requiere un tipo especial de submarino llamado sumergible de aguas profundas.

1 LUCES

¿Por qué necesitan focos? Pues porque por debajo de los 200 metros la luz del sol comienza a desaparecer, y a 300 metros es muy difícil ver algo. Por debajo de aquí, la única luz que puedes ver proviene de animales marinos.

El piloto controla la cámara.

2 BÓVEDA

La bóveda ofrece a la tripulación una fantástica oportunidad de observar la vida submarina y otros fenómenos. Nunca es de vidrio, pues podría agrietarse con la presión de toda esa agua. En su lugar, está hecha de un plástico duro y transparente llamado acrílico, que es más ligero que el vidrio y hasta diecisiete veces más resistente.

Focos móviles de gran alcance

3 CASCO

El casco o estructura del sumergible se fabrica a menudo con una aleación de titanio: una mezcla de metales que es muy resistente, no se oxida y es más flexible que el acero, por lo que puede soportar la presión de toda el agua del mar sin deformarse. Algunos sumergibles utilizan otros materiales ligeros, resistentes y flexibles, como la fibra de carbono, que también se emplea en la fabricación de cañas de pescar.

Brazo robótico controlado en remoto

Cesta de malla para almacenar muestras

4 BRAZO MANIPULADOR HIDRÁULICO

Como a veces es imposible que las personas que viajan en el sumergible salgan del vehículo para tomar muestras, muchos están equipados con brazos robóticos flexibles. Se controlan desde el interior, de forma parecida a las grúas de los juegos recreativos.

5 BASTIDOR DE ALMACENAMIENTO

Los objetos que se recogen con el brazo robótico no pueden meterse en el interior del sumergible a través de una ventana; por eso, se dejan caer en una enorme cesta donde se almacenan hasta subir a la superficie.

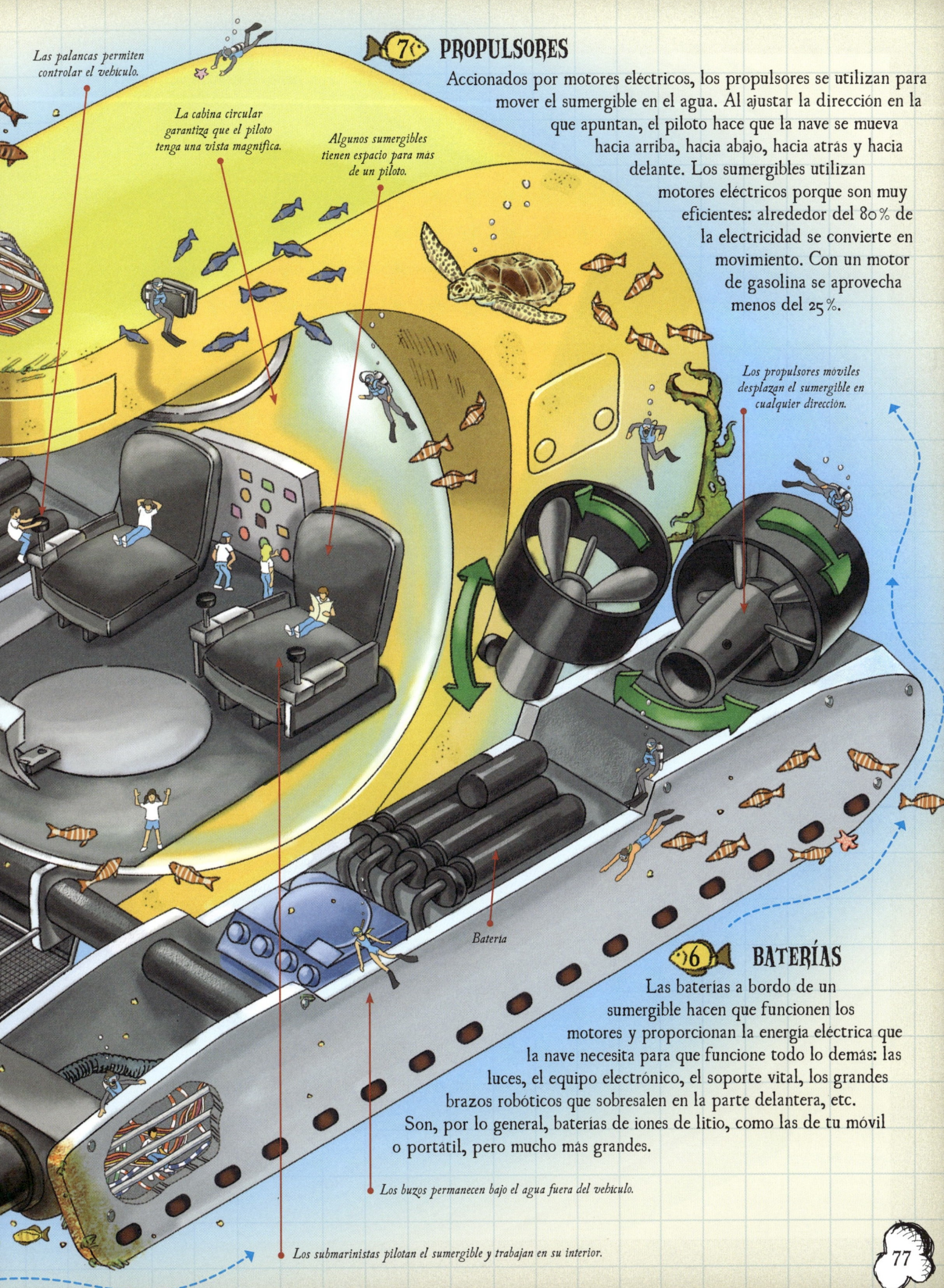

Las palancas permiten controlar el vehículo.

La cabina circular garantiza que el piloto tenga una vista magnífica.

Algunos sumergibles tienen espacio para más de un piloto.

7 PROPULSORES

Accionados por motores eléctricos, los propulsores se utilizan para mover el sumergible en el agua. Al ajustar la dirección en la que apuntan, el piloto hace que la nave se mueva hacia arriba, hacia abajo, hacia atrás y hacia delante. Los sumergibles utilizan motores eléctricos porque son muy eficientes: alrededor del 80% de la electricidad se convierte en movimiento. Con un motor de gasolina se aprovecha menos del 25%.

Los propulsores móviles desplazan el sumergible en cualquier dirección.

Batería

6 BATERÍAS

Las baterías a bordo de un sumergible hacen que funcionen los motores y proporcionan la energía eléctrica que la nave necesita para que funcione todo lo demás: las luces, el equipo electrónico, el soporte vital, los grandes brazos robóticos que sobresalen en la parte delantera, etc. Son, por lo general, baterías de iones de litio, como las de tu móvil o portátil, pero mucho más grandes.

Los buzos permanecen bajo el agua fuera del vehículo.

Los submarinistas pilotan el sumergible y trabajan en su interior.

GLOSARIO

aislante Material que bloquea la trayectoria térmica o eléctrica. Plásticos, vidrio, cerámica y caucho son materiales aislantes.

alcantarilla Enorme conducto que canaliza las aguas residuales.

altavoz Dispositivo que transforma una corriente eléctrica en sonido.

app Abreviatura de «aplicación»; es un pequeño programa que se ejecuta en un *smartphone* o tableta.

átomo La partícula completa más pequeña de cualquier sólido, líquido o gas. Los átomos lo forman todo, desde el aire que respiramos a las máquinas que utilizamos.

atraer Acercar algo sin llegar a tocarlo.

aventar Lanzar al aire la mezcla de grano y paja para separarlos.

bacteria Pequeñas células vivas. Hay bacterias «buenas» que nos ayudan de muchas formas, pero las bacterias «malas», o gérmenes, pueden causar enfermedades.

campo magnético Región invisible alrededor de un imán en la que se pueden sentir sus efectos. El campo es más fuerte cuanto más cerca del imán.

células fotoeléctricas Dispositivos que transforman la luz que entra en una cámara de televisión en *blips* eléctricos.

circuito Bucle que no tiene extremos abiertos. Los circuitos eléctricos pueden ser cortos o tener muchos kilómetros.

código postal Código para un barrio o distrito utilizado en el servicio postal.

combustible nuclear Combustible, como, por ejemplo, el uranio, que se emplea en los reactores nucleares como fuente de electricidad.

compresor Dispositivo que aprieta (comprime) un líquido o un gas, forzándolo a permanecer en un espacio pequeño.

condensar Pasar de estado gaseoso a estado líquido. Los gases se condensan cuando se enfrían o cuando se comprimen.

contacto (eléctrico) Algo que está diseñado para completar un circuito de manera que la electricidad pueda fluir. La mayoría de los contactos eléctricos están hechos de metal.

contador Dispositivo que mide la cantidad de agua, gas o electricidad que consumes.

corriente eléctrica Corriente de partículas en movimiento, llamadas electrones, que transportan la energía. Cuando una corriente eléctrica está encendida, la energía puede viajar una gran distancia casi instantáneamente.

depósito Lago o estanque natural o artificial, o una cueva subterránea, utilizados para almacenar agua.

eje Varilla giratoria. Los ejes se utilizan para mover ruedas o para llevar el movimiento de un lugar a otro.

electricidad Forma de energía conducida a través de cables.

electroimán Imán que funciona con la electricidad. A diferencia de los imanes permanentes, los electroimanes solo funcionan cuando la electricidad pasa a través de ellos.

electrón Diminuta partícula que lleva una carga eléctrica negativa. Los electrones unidos entre sí forman una corriente eléctrica. Todos los átomos contienen electrones.

engranaje Rueda dentada diseñada para transferir el movimiento. Los engranajes se hacen girar unos a otros gracias a sus dientes de enclavamiento, y pueden utilizarse para cambiar la velocidad, fuerza o dirección de un movimiento.

enzima Sustancia que acelera una reacción química miles o millones de veces.

estación hidroeléctrica Lugar donde se crea electricidad cuando un generador se activa por la fuerza del agua en movimiento.

evaporarse Convertirse en vapor. El agua se evapora lentamente si se deja en un lugar seco y caluroso.

eyectado Soltado deliberadamente de un avión o una nave espacial en vuelo.

fermentación Proceso por el cual la levadura hace que el azúcar se divida en alcohol y dióxido de carbono.

flóculos Grumos de suciedad que se forman cuando se depura el agua.

fricción Fuerza que frena un objeto en movimiento. La fricción puede reducirse mediante el uso de aceite o rodamientos, pero nunca se puede detener por completo.

fusible Hilo metálico que impide que circule la corriente eléctrica fundiéndose si se utiliza demasiada electricidad.

generador Máquina que genera una corriente eléctrica usando una bobina de cable de cobre entre los polos de un gran imán.

icono Pequeña imagen en una pantalla de ordenador, *smarthphone* o tableta que representa una aplicación u otro programa, una opción (elección) o una ventana.

imán Trozo de metal (generalmente de acero) que atrae otros metales o los aleja por la acción de una fuerza llamada magnetismo. También puede mover electrones a través de alambres de metal.

incineradora Horno muy caliente donde se quema la basura.

ionizar Cargar eléctricamente. Los iones son átomos que han ganado o perdido electrones. A diferencia de los átomos, tienen carga eléctrica.

lecho filtrante Capas de arena y pequeñas piedras cubiertas por bacterias que limpian el agua sucia a su paso.

lector óptico de caracteres Ojo electrónico que puede leer tanto letras como números.

leva Pieza con forma de rueda desigual que cambia el movimiento rotatorio en movimiento ascendente y descendente. La leva está montada sobre un eje de rotación.

lodo Barro de las aguas residuales que se deposita.

máquina clasificadora Aparato que ordena las cartas de acuerdo con su tamaño.

micrófono Dispositivo que transforma las vibraciones de sonido (como la voz) en una corriente eléctrica.

microondas Pulsos muy pequeños de energía que pueden llevar una llamada telefónica a un satélite y volver, o calentar la comida.

microprocesador Dispositivo electrónico que realiza cálculos. En el corazón de todos los ordenadores y calculadoras hay microprocesadores.

molécula Unidad química que se compone de dos o más átomos unidos entre sí.

nave espacial Pioneer Familia de naves espaciales estadounidenses enviadas al Sol, Júpiter, Saturno y Venus. La Pioneer 10 se encuentra ahora a más de 12.000 millones de kilómetros de la Tierra.

ondas sonoras Ondas de presión que transportan el sonido. Tanto en el oído como en los micrófonos, estas ondas se convierten en movimiento.

ondas de radio Pulsos invisibles de energía mediante los cuales se propagan las señales de televisión o de radio a través del aire.

órbita Trayectoria que una nave espacial o cuerpo celeste realiza alrededor de un planeta o satélite.

pantalla táctil Pantalla de un *smartphone* o tableta que te permite seleccionar acciones o cambiar el tamaño de las imágenes con solo tocar la pantalla.

pila Dispositivo que transforma la energía química en electricidad.

presión Fuerza con la que los objetos empujan lo que les rodea. La presión de un gas se puede aumentar mediante calentamiento.

presión atmosférica Densidad del aire. El aire a alta presión es denso; y a baja presión, ligero.

propulsión Fuerza que impulsa un avión o un cohete producida por un motor.

radiación Forma de energía que se expande desde un objeto. La luz es una forma de radiación.

radiactivo Que emite radiación. Algunas sustancias radiactivas son peligrosas porque su radiación puede dañar a los seres vivos.

receptor Dispositivo que capta señales. Los televisores, las radios y los teléfonos tienen receptores.

reciclar Utilizar materiales de desecho para hacer objetos nuevos.

red celular Teléfono móvil o red inalámbrica que divide una zona de tierra en secciones o «células». Cada célula tiene una estación base, que se utiliza para la conexión de los teléfonos móviles a la red telefónica.

red de suministro Tuberías subterráneas o cables que transportan el agua, la electricidad o el gas a las casas.

repeler Empujar algo lejos, pero sin tocarlo. Los imanes se repelen cuando se juntan por el mismo polo.

resistencia Fuerza opuesta, como la que tienen que vencer los aviones cuando se mueven hacia delante. Es la razón por la que necesitan motores.

rodamiento Parte de una máquina que reduce la fricción. Los rodamientos separan superficies en movimiento y que ruedan, por lo que puede deslizarse una sobre otra.

satélite Nave espacial no tripulada que circula u orbita alrededor de la Tierra.

satélites GPS Satélites de posicionamiento global. Alrededor de treinta giran alrededor de la Tierra enviando señales a miles de millones de dispositivos, como teléfonos y sistemas de navegación de automóviles, para que sepas exactamente dónde te encuentras.

sistema operativo «Director» electrónico que hace que todos los elementos de un ordenador (hardware y software) trabajen juntos en armonía.

succión Extracción de aire de un espacio para forzar a un líquido (o, en el caso de una aspiradora, otro aire) a entrar en ese espacio.

sustentación Fuerza ascendente que mantiene un avión suspendido. Se crea por las diferencias en la presión del aire.

tanque de digestión de lodo Contenedor en el que las bacterias se comen el lodo retirado de las aguas residuales.

tanque de sedimentación Contenedor en el que se deja reposar el agua residual para que la suciedad se hunda y se deposite en el fondo.

tobera Abertura en forma de embudo, con un extremo estrecho que apunta hacia el exterior, en el extremo de una tubería o tubo. Un líquido o gas se acelera cuando pasa a través de una tobera y se expande cuando sale de ella.

transformador Aparato que hace que una corriente eléctrica sea más fuerte o más débil.

transmisor Dispositivo que envía señales de televisión, radio o teléfono.

transpondedor Dispositivo eléctrico en un satélite diseñado para recibir una señal específica y automáticamente transmitir una respuesta concreta.

trilla Proceso que sacude los granos de trigo cosechado para separar el grando de la paja.

turbina Rueda con palas curvas. El viento, el agua o el vapor empujan la turbina y mueven las palas. El movimiento de las palas girando acciona un generador.

válvula Dispositivo que permite el flujo de algo en una dirección, pero no en otra. Las válvulas a menudo se encuentran en las máquinas que bombean líquidos o gases.

vapor Gas que se ha formado por la evaporación de un líquido.

ÍNDICE